本书系"乡村振兴背景下乡村小规模学校发展的支持体系研究"研究成果（项目批准号：GYJ2021040）

YIWU JIAOYU XUEXIAO BANXUE BIAOZHUN YANJIU

——YI BIAOZHUN YINLING YIWU JIAOYU FAZHAN

义务教育学校办学标准研究

—— 以标准引领义务教育发展

左晓梅　著

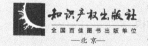

知识产权出版社
全国百佳图书出版单位
—北京—

图书在版编目（CIP）数据

义务教育学校办学标准研究：以标准引领义务教育发展 / 左晓梅著 . —北京：知识产权出版社，2023.5

ISBN 978-7-5130-8734-6

Ⅰ . ①义… Ⅱ . ①左… Ⅲ . ①义务教育—办学方针—研究—中国 Ⅳ . ① G522.3

中国国家版本馆 CIP 数据核字（2023）第 069497 号

内容提要

办学标准对于义务教育学校具有重要的规范、引领和保障作用。本书从历史、现实及未来发展的视角，基于本土和国际视野来系统阐述通过办学标准要规范什么、引领什么和保障什么，以满足教师与学生对教与学的需求，满足人成长发展的需求。此外，办学标准的研制还需要扎实深入的研究，才能确保其科学性和专业性；需要建立动态调整机制，才能确保其发展的适应性。

本书可为教育人员提供办学参考，为高校科研机构提供研究借鉴。

责任编辑：刘晓庆　　　　　　　　　　责任印制：孙婷婷

义务教育学校办学标准研究——以标准引领义务教育发展
左晓梅　著

出版发行：**知识产权出版社** 有限责任公司	网　　址：http://www.ipph.cn
电　　话：010-82004826	http://www.laichushu.com
社　　址：北京市海淀区气象路 50 号院	邮　　编：100081
责编电话：010-82000860 转 8073	责编邮箱：laichushu@cnipr.com
发行电话：010-82000860 转 8101	发行传真：010-82000893
印　　刷：北京中献拓方科技发展有限公司	经　　销：新华书店、各大网上书店及相关专业书店
开　　本：720mm×1000mm　1/16	印　　张：12
版　　次：2023 年 5 月第 1 版	印　　次：2023 年 5 月第 1 次印刷
字　　数：136 千字	定　　价：78.00 元

ISBN 978-7-5130-8734-6

目　录

绪　论

义务教育是国家必须优先发展的基本公共事业，对于"十四五"教育工作，2021年政府工作报告明确提出"发展更加公平、更高质量的教育"，要求"在教育公平上迈出更大步伐"，"努力让广大学生健康快乐成长，让每个孩子都有人生出彩的机会"。党的十九届五中全会作出"建设高质量教育体系，到2035年建成教育强国"的宏伟目标。高质量的教育体系也相应对整体提升义务教育办学条件和教育质量提出了新要求。

一、通过标准化加强国家教育治理体系建设

标准化建设是现代国家和国际组织管理经济活动和公共服务的重要政策工具与治理方式，其在保障产品质量、公共生活安全和公共服务水平等方面发挥着日益突出的作用。2015年，国务院印发《深化标准化工作改革方案》（国发〔2015〕13号）指出，"更好发挥标准化在推进国家治理体系和治理能

力现代化中的基础性、战略性作用"❶。《教育部关于完善教育标准化工作的指导意见》（教政法〔2018〕17号）指出："标准是可量化、可监督、可比较的规范，是配置资源、提高效率、推进治理体系现代化的工具，是衡量工作质量、发展水平和竞争力的尺度，是一种具有基础性、通用性的语言"。对于教育这项重要的社会公共服务而言，完善教育标准体系、实现教育事业发展的标准化，有利于优化教育资源配置，规范教育有序发展，促进教育质量提升。实现教育现代化和建设教育强国，也需要加强教育标准建设，不断完善教育标准体系，以标准化促进教育治理质量的整体提升。

义务教育是国家教育事业体系的基础，处于教育体系的核心地位。义务教育作为重要的公共产品，在教育标准化体系建设中也应优先受到关注。2010年发布的《国家中长期教育改革和发展规划纲要（2010—2020年）》明确提出要"推进义务教育学校标准化建设"。2014年12月25日，国务院出台《国家贫困地区儿童发展规划（2014—2020年）》（国办发〔2014〕67号），提出"推动各地制定义务教育阶段学校标准化的时间表、路线图"。《国务院关于统筹推进县域内城乡义务教育一体化改革发展的若干意见》（国发〔2016〕40号）提出，"完善乡村小规模学校办学标准，科学推进城乡义务教育公办学校标准化建设，全面改善贫困地区义务教育薄弱学校基本办学条件"。《中国教育现代化2035》明确提出要"提升义务教育均等化水平，建立学校标准化建设长效机制，推进城乡义务教育均衡发展"。作为国家宏观教育政策，这些政策文本中并未对义务教育学校标准的内容体系、制定程序作更详细的规定。

---

❶ 国务院办公厅.深化标准化工作改革方案[EB/OL].（2015-03-11）[2015-03-26]. http://www.gov.cn/xinwen/2015/03/26/content_2838703.htm.

多年以来，从经济发达省份到中西部省份，从国家直辖市到副省级城市，再到地方县级市，义务教育学校标准的制定工作已经自上而下全面展开。从已有标准形式上看，各省（区、市）的文本并无统一的规范，标题既有"条件标准"，也有"建设基本标准""基准标准"。文本内容中，既有粗线条、低精度的泛化要求，也有高精度、矩阵化的数字衡量体系。各层级标准所依据的政策法规来源也较为碎片化，整体上受国家教育发展规划的影响较大，学理基础较为欠缺。从标准化建设所涉对象上看，各地标准的指向有所交叉又有所分离。省级标准一般针对辖区内全体义务教育或基础教育学校，市级标准的指向性更强，小学、初中或九年一贯制学校都在范围内，也有专门针对民办学校的标准，各有侧重。

近年来，虽然我国教育标准体系建设的步伐加快，但目前我国教育标准体系还存在着个别不规范、不完善、不平衡、不系统的问题。从现实情况来看，鉴于各地经济、社会发展的不均衡性，我国在义务教育学校办学问题上亟须一个更具整体性、适应性、一体化的办学标准。国家标准化管理委员会印发《2021 年全国标准化工作要点》（国标委发〔2021〕7 号），其中加快社会建设标准化进程部分中提出："发布《基本公共服务标准化指南》（20194382–T–424）等基础通用国家标准，加大公共教育等领域国家标准研制力度。"

二、加强义务教育学校办学标准研究的意义

义务教育学校标准是为促进义务教育发展，由特定组织制定的、相关义务教育发展主体在一定区域和时间范围内关于义务教育学校办学条件、过程

和质量要求所达成的政策共识基础上所构成的规则体系。从教育治理中办学标准的"软约束力"分析可以看出，我国义务教育学校办学标准在很大程度上是一种指向省域内各级政府、义务教育学校等多元主体的社会约束和义务体系，主要通过国家权威、组织激励、社会舆论、内部监督、同行监督和道德自律等机制得以运行并产生实效。❶

从国家层面进一步健全完善义务教育学校办学标准，将有助于更好地推进义务教育学校标准化建设，提高农村学校办学水平，缩小教育质量的城乡差距，促进城乡教育一体化发展。

（1）以健全完善的义务教育学校标准引领和助力义务教育学校更高质量发展。办学标准承载和表达着特定的目的和理念追求，具有明显的价值指导性。❷什么样的学校才是更规范的现代学校？什么学校才是好学校？我们需要有完善的标准体系来引领，让义务教育办学者、服务对象能达成更多共识。

（2）从国家层面进一步健全完善义务教育学校标准，在学理和实践层面提供充分的论证，能够为地方出台相应标准和更好地贯彻落实国家标准提供重要的参考和依据。义务教育学校标准的内涵和性质是什么？它应该包括哪些内容？为什么要有义务教育学校标准或者说学校标准制定的价值与合理性何在？学校标准应该由谁制定？如何制定？我们需要充分探讨义务教育办学标准研究的这些基本的学理性问题，能够促进理论层面的更多共识，解决实践层面义务教育管理主体的困惑。

---

❶ 张新平，何晨玥. 软法治理视角下的义务教育学校标准化建设 [J]. 教育研究，2017（11）：46.

❷ 张新平. 关于基础教育阶段学校办学标准的若干思考 [J]. 教育研究，2010（6）：37.

（3）健全完善义务教育学校办学标准，在一定程度上能够促进社会公平与社会融合。据统计，义务教育学校类型多样，除了完全建制的独立小学、独立初中、完全中学和一贯制学校，还存在不小比例的不完全小学、教学点（乡村小规模学校）。2021年，全国有小学教学点8.36万所（还不含百人以下村小 ❶）。这部分学校集中着贫困程度较深、无力进城上学等人群家庭子女，他们是阻断贫困代际传递的核心目标人群，也是实现教育现代化最难啃的"骨头"。而乡村小规模学校的存在对这部分人的受教育机会保障非常重要，只有办好村小或教学点，这个群体的后代才有脱贫的希望，才有融入主流社会的能力，这些对于缩小社会差距和社会融合具有重要意义。

（4）健全完善义务教育学校办学标准，是推进我国教育标准体系不断健全的必要组成部分。2018年《教育部关于完善教育标准化工作的指导意见》（教政法〔2018〕17号）指出，要"完善教育标准体系框架"，要加快制定、修订各级各类学校设立标准、学校建设标准、教育装备标准、学校运行和管理标准等重点领域标准，以加快建成适合我国国情的教育标准体系。目前，一方面，中小学校建设标准仍然是城市、农村学校各有一套，还未能城乡一体化；另外，乡村小规模学校作为必将长期存续的义务教育学校的重要组成部分，已有建设标准及其他相关标准并不完全适用，需要研究并出台针对性的办学标准，将其作为义务教育学校标准体系的重要内容。

---

❶　村小是指乡镇以下的乡村小学（含完全小学和不完全小学）。

第一章　教育标准和标准化

在知识经济时代，往往是标准先行，实施国家标准化战略已经成为发达国家改革发展的基本趋势。在国家标准化战略引领下，各国教育标准化改革也逐渐深入。国家全面实施标准化战略，为教育标准化改革指明了方向。近年来，党和国家高度重视教育标准工作，《国家中长期教育改革与发展规划纲要（2010—2020年）》提出"制定教育质量标准"，把制定"标准"、建立教育质量保障体系作为政策聚焦点，也是当务之急的重要工作；《国家教育事业发展第十二个五年规划》（2012年）（教发〔2012〕9号）提出"建立国家教育标准体系"的目标；我国首个《国家标准化体系建设发展规划（2016—2020年）》（国办发〔2015〕89号）将教育标准化列为国家标准化规划的重点领域，明确提出"到2020年基本建成具有国际视野、适合中国国情、涵盖各级各类教育的国家教育标准体系"的目标。

一、标准和标准化概述

（一）标准和标准化内涵及特征

1. 标准及其特征

标准 ❶ 是科学、技术和实践经验的凝练和总结。在该定义之后还有一个注释："标准宜以科学、技术和经验的综合成果为基础，以促进最佳的共同效益为目的。"

标准是一种规范性文件，是为各种活动或其结果提供规则、导则或规定特性的文件，是法律、法规和规章等文件的统称。只有具备与其他文件相区别的以下特殊属性的规定性文件才能称为标准。

一是标准必须具备"共同使用和重复使用"的特点，必须同时具备"共同使用"和"重复使用"这两个条件。只有大家共同使用并且要多次重复使用，标准这种文件才有价值和意义。

二是制定标准的目的是获得最佳秩序，以便促进共同效益。这种最佳秩序的获得有一定范围。"一定范围"是指适用的人群和相应的事物。所谓"适用的人群"可以是全球范围的、某个区域的、某个国家的、某个地方的、某个行业的、某个集团的等，具体适用的人群取决于协商一致的范围；所谓"相应的事物"是指条款设计的内容，可以是有形的、无形的、硬件的和软件的等。

---

❶ 标准是指"为了在一定的范围内获得最佳秩序，经协商一致制定并由工人机构批准，共同使用的和重复使用的一种规范性文件"［GB/T 20000.1-2002，定义 2.3.2］。

三是制定标准的原则是协商一致。协商一致是指普遍统一，即对于实质性问题，有关主要方面没有坚持反对意见，并且按照程序对有关各方的观点均进行认真研究，并对所有争议进行协调。协商一致并不意味着没有异议，一旦需要表决，协商一致是有具体指标的，通常以四分之三或三分之二（根据发布机构制定的规则）同意为协商一致通过的指标。

四是制定标准需要一定规范化的程序，并最终由公认机构批准发布。这里的"公认机构"一般指标准机构。标准制定机构是在国家、区域或国际的层面上承认的，以制定、通过或批准、公开发布标准为主要职能的标准化机构。

五是标准产生的基础是科学、技术和经验的综合成果。标准这一规范性文件是一种技术类文件，具有科技含量，是在充分考虑最新技术水平后制定的；标准又是对人类实践经验的科学归纳、整理并规范化的结果。由于在标准制定中需要广泛征求意见，经过协商一致的过程，因而保证了制定的标准能够广泛吸收各方面的意见和建议，使科学、技术和实践经验能够在有机结合后被纳入标准。

在国际上，标准通常是自愿性的，它由标准制定机构（非权力机构）发布，由生产、使用等方面资源采用。我国 1988 年发布的《中华人民共和国标准化法》第七条规定："国家标准、行业标准分为强制性标准和推荐性标准。"强制性标准是技术法规，而推荐性标准类似国际上的自愿性标准。

2. 标准的应用途径

标准的应用可以通过以下途径实现。

一是市场机制。由于标准是以科学、技术和经验的综合成果为基础，是在充分协商一致的基础上形成的，符合大多数利益相关方的利益，自然会被自愿使用。标准首先是靠市场的作用被广泛地自愿使用的。

二是政府主导。在诸如环境保护、资源利用、健康安全等政府关注的领域中，政府往往通过发布鼓励企业使用标准的政策和措施，引导企业采用相应的标准。

三是法规引用。在一些涉及技术问题的法规中，如果有技术标准作为依据，可以采用法规引用标准的方式，在法规调整的范围内，使标准的使用成为法规的要求。❶

3. 标准化对象及标准化工作的对象

在国家标准《标准化工作指南　第1部分：标准化和相关活动的通用术语》（GB/T 20000.1—2014）中给出了标准化对象的定义。标准化对象是指需要标准化的主题。标准化可以限定任何对象的特定方面。例如，可对鞋子的尺码和耐用性分别标准化。

在上述定义中，"主题"通常针对实体，实体通常是指"能被单独描述和考虑的事物"。实体可以是某一产品，即活动或过程的结果；可以是某一过程，即将输入转化成输出的一组彼此相关的资源（包括设施、设备、技术、方法等）和活动；可以是服务，即为满足客户需求，提供产品方与接受产品方之间接口处的活动和供方内部的活动所产生的结果。

标准化对象可以是对象的整体，也可以是对象的特定部分。例如，对于电容器来说，其尺寸、参数系列、性能要求和试验方法等都可分别作为标准

---

❶ 白殿一，等.标准的编写[M].北京：中国标准出版社，2016：1-2.

化对象。在考虑开展标准化工作的优先顺序时，应将具有多样性及相关特征、需要协调统一的对象作为重点，并根据该对象所起作用的大小、社会需要程度等来安排其优先顺序。❶

通常情况下，标准化对象包括两方面的内容：一是标准化的研究对象；二是标准化的工作对象。前者也称为总体对象，它是由各工作对象总和构成的总体，主要是研究各种具体对象的共同属性、本质和普遍规律；后者也称为具体对象，它是需要制定标准的对象或各专业标准化工作的对象。研究对象和工作对象是一般与具体的关系，是共性与个性的关系。不能没有工作对象，也不能没有研究对象。工作对象是研究对象的基础，研究对象则是工作对象的指南。标准化工作的对象很多，从宏观上讲，可以与标准化的基本任务紧密联系在一起。按《中华人民共和国标准化法》的规定，标准化工作的主要任务是制定标准、组织实施标准和对标准的实施进行监督。考虑近年来国际上广泛开展的"合格评定活动"，标准化任务可扩展为三方面内容。这三个方面涉及的具体内容都是标准化工作的对象。

从制定与实施的各方面来看，标准化工作对象包括非物质对象和物质对象两部分。非物质对象主要指技术基础标准，包括术语与词汇、符号与代码、互换配合、技术管理、质量管理等标准化对象；物质对象主要指产品、过程和服务，包括硬件与软件（含流程性材料或它们的组合）、研制与生产、检验与试验、包装与运输、服务与维修等标准化对象。

从合格评定方面来看，标准化对象主要包括认证与认可两部分，涉及产

---

❶ 白殿一，等.标准的编写 [M].北京：中国标准出版社，2016：13.

品质量认证、质量管理体系认证、安全认证、电磁兼容认证、有关机构和人员认可等内容。

从标准监督方面来看，标准化对象主要包括市场监督对象（如产品标准），企业自我监督对象（如过程标准、基础标准），社会监督对象（如产品标准）三类。

（二）标准的分类

标准的种类繁多，根据不同的目的或原则可以划分为不同的类别。

1. 按照标准的法律属性划分

我国的技术标准分为强制性标准和推荐性标准两类。

标准编号后未加"/T"的为强制性标准，加"/T"的为推荐性标准。

（1）强制性标准。强制具有法律属性，在规定的适用范围内必须执行。《中华人民共和国标准化法》第七条规定："国家标准、行业标准分为强制性标准和推荐性标准。保障人体健康、人身、财产安全的标准和法律、行政法规规定强制执行的标准是强制性标准，其他标准是推荐性标准。省、自治区、直辖市标准化行政主管部门制定的工业产品的安全、卫生要求的地方标准，在本行政区域内是强制性标准。"强制性标准是国家技术法规的重要组成部分，必须执行。

强制性标准是国家通过法律的形式明确要求对于一些标准所规定的技术内容和要求必须执行，不允许以任何理由或方式加以违反、变更。这样的标准称为强制性标准，包括强制性的国家标准、行业标准和地方标准。对违反强制性标准的，国家将依法追究当事人的法律责任。

（2）推荐性标准。推荐性标准具有技术权威性，经合同或行政性文件确认采用后，在确认范围内也具有法律属性。

推荐性标准是自愿性文件，不具有强制性，任何单位均有权决定是否采用。违反这类标准，不构成经济或法律方面的责任。但是当这种推荐性标准一经接受并采用，或各方商定同意将其纳入经济合同内容中，就成为各方必须共同遵守的技术依据，即具有法律上的约束性。

2. 按照适用范围划分

推荐性标准是指国家鼓励自愿采用的具有指导作用而又不宜强制执行的标准，即标准所规定的技术内容和要求具有普遍的指导作用，允许使用单位结合自己的实际情况，灵活加以选用。

制定标准的重要基础是在一定的范围内充分反映各相关方的利益，并对不同意见进行协调与协商，从而达成一致。不同层次标准化活动的协商一致程度不同，所制定的标准适用范围也不同。

依据制定标准的参与者所涉及的范围，即标准的适用范围，可将标准分为国际标准、国家标准、行业标准、地方标准和企业标准。

（1）国际标准。❶ ISO 确认并公布的其他国际组织主要包括国际计量局

---

❶ 国际标准是指"国际标准化组织（ISO）、国际电工委员会（IEC）和国际电信联盟（ITU）及 ISO 确认并公布的其他国际组织制定的标准"[引自 GB/T 20000.2-2009，定义 3.1]。

（BIPM）、国际原子能机构（IAEA）、国际海事组织（IMO）、联合国教科文组织（UNESCO）、世界卫生组织（WHO）等49个国际标准化机构。

（2）国家标准。● 就我国而言，国家标准是指由国务院标准化行政主管部门组织制定，并对全国国民经济和技术发展有重大意义，需要在全国范围内统一的标准。国家标准由全国专业标准化技术委员会负责起草、审查，并由国务院标准化行政主管部门统一审批、编号和发布。国家标准按照实施力度的约束性分为强制性标准和推荐性标准。

（3）行业标准。行业标准是指在国家的某个行业通过并公开发布的标准。行业标准的发布部门必须由国务院标准化行政主管部门审查确定。凡批准可以发布行业标准的行业，由国务院标准化行政主管部门公布行业标准编号、行业标准的归口部门及其所管理的行业标准范围。

（4）地方标准。● 地方标准是针对没有国家标准和行业标准，而需要在省、自治区、直辖市范围内根据统一的技术要求所制定的标准。地方标准由省、自治区、直辖市标准化行政主管部门统一编制、组织制定、审批、编号和发布。地方标准发布后，省、自治区、直辖市标准化行政主管部门应分别向国务院标准化行政主管部门和有关行政部门备案。

（5）企业标准。企业标准是针对企业范围内需要协调、统一的技术要求、管理要求和工作要求所制定的标准。企业标准是企业组织生产、经营活动的

● 国家标准是指"由国家标准机构通过并公开发布的标准"［引自 GB/T 20000.2-2009，定义 2.3.2.1.3］。

● 地方标准是指"在国家的某个地区通过并公开发布的标准"［引自 GB/T 20000.2-2009，定义 2.3.2.1.4］。

依据。企业标准虽然只在企业内适用，但在地域上可能会影响多个国家。企业标准由企业制定，由企业法人代表或法人代表授权的主管领导批准、发布，由企业法人代表授权的部门统一管理。企业标准大多是不公开的。然而，作为组织生产和第一方合格评定依据的企业产品标准发布后，企业应将企业标准报当地标准化行政主管部门和有关行政主管部门备案。企业标准是规范企业内部生产经营活动各种要求的规范性文件。企业标准中大部分是"过程"标准，主要是对各类人员，如开发设计人员、工艺技术人员、测试检验人员、销售供应人员、经营管理人员等如何开展工作作出规定。企业标准中少部分是"结果"标准，主要是针对"物"，如采购的原材料、半成品、最终产品等的技术要求作出规定。

3. 按照标准涉及的对象类型划分

标准涉及的对象类型不同，反映到标准的文本上所体现的技术内容及表现形式不同。按照标准涉及的对象经常使用的分类结果：术语标准、符号标准、试验标准、产品标准、过程标准、服务标准和接口标准等。

4. 按照标准的要求程度划分

按照标准中技术内容的要求程度进行划分，可以将标准划分为规范、规程和指南三类。这三类标准中技术内容的要求程度逐渐降低，标准中所使用的条款及表现形式有所差别，编写要求也会不同。

（1）规范。❶几乎所有的标准化对象都可以成为"规范"的对象，无论

---

❶ 规范是指"规定产品、过程或服务需要满足的要求的文件"［引自 GB/T 1.1-2020，定义 3.1］。

是产品、过程还是服务，或者是其他更加具体的标准化对象。规范所规定的是各类标准化对象需要满足的要求。规范中需要同时指出判定符合要求的程序。

（2）规程。●规程的内容是推荐"惯例或程序"，规程中的管理或程序推荐的是"过程"，规程中大部分条款是由推荐性条款组成的。

（3）指南。●指南的标准化对象较为广泛，但具体到每一个特定的指南，其标准化对象则集中到某一主题的特定方面。这些特定方面是有共性的，即一般性、原则性或方向性的内容。指南的具体内容限定在信息、指导或建议等方面，而不会涉及要求或程序。

5. 按照标准的性质划分

依专业性质的区别，有技术标准、管理标准和工作标准三类。

（1）技术标准。对标准化领域中需要统一的技术事项所制定的标准称为技术标准。技术标准可进一步分为基础技术标准、产品标准、工艺标准、检验和试验方法标准、设备标准、原材料标准、安全标准、环境保护标准和卫生标准等。其中的每一类还可进一步细分，如技术基础标准可再分为术语标准、图形符号标准、数系标准、公差标准、环境条件标准和技术通则性标准等。

---

❶ 规程是指"为设备、构件或产品的设计、制造、安装、维护或使用而推荐惯例或程序的文件"［引自 GB/T 20000.1—2014，定义 2.3.5］。

❷ 指南是指"给出某主题的一般性、原则性、方向性的信息、指导或建议的文件"［引自 GB/T 1.1-2020，定义 3.3］。

（2）管理标准。对标准化领域中需要协调统一的管理事项所制定的标准称管理标准。管理标准主要是对管理目标、管理项目、管理业务、管理程序、管理方法和管理组织所作的规定。

（3）工作标准。为实现工作（活动）过程的协调，提高工作质量和工作效率，对每个职能和岗位的工作制定的标准称工作标准。在中国建立了企业标准体系的企业里一般都制定工作标准。按岗位制定的工作标准通常包括岗位目标（工作内容、工作任务），工作程序和工作方法，业务分工和业务联系（信息传递）方式，职责权限，质量要求与定额，对岗位人员的基本技术要求，以及检查考核办法等内容。

二、教育标准化❶的提出

《国家中长期教育改革和发展规划纲要（2010—2020年）》明确提出"制定教育质量国家标准""建立和完善国家教育基本标准"。《国家教育事业发展第十二个五年规划》（教发〔2012〕9号）也提出："建立健全具有国际视野、适合中国国情、涵盖各级各类教育的国家教育标准体系。"建设和完善国家教育标准体系，对于促进经济社会发展、建成富强民主文明和谐美丽的社会主义现代化国家、实现中华民族伟大复兴的中国梦具有十分重要的意义，也是推进依法治教、促进教育公平、提高教育质量、基本实现教育现代化和建设人力资源强国的必然选择。

---

❶ 教育部.教育部关于完善教育标准化工作的指导意见（教政法〔2018〕17号）[EB/OL].（2018-11-08）[2018-11-14]http：//www.gov.cn/xinwen/2018-11/27/content_5343757.htm.

（一）教育标准的界定与分类

1. 教育标准的界定

有学者认为，教育标准是衡量教育的基本准则，是人们为了达到教育发展的特定目的而制定的一种教育尺度，是人们所期望的教育发展的理想程度。它是一个社会对教育发展过程中，尤其是教育实践过程中人们所应遵循的一系列教育规范的制度体现。可以说，教育标准是对各种教育领域和具体教育活动所制定的客观规定。教育标准是一个国家重要的教育制度之一，是一种根本性的教育规范。从一定意义上说，教育标准的建立和形成是一个国家教育体制成熟和完善的标志之一，而一个国家教育标准的水平，实际上也反映了它的经济、文化和教育的发展水平。❶

也有学者从教育质量的角度探讨了教育标准的概念，认为教育质量标准是一定时期内为实现既定教育目标而制定的教育质量规范。首先，教育质量是一个多维的概念，包括与教育相关的诸多方面，如课程与教学、教师与学生、建筑与设施、仪器与设备等教育所有的功能与活动。其次，教育质量是一个多层次的概念，涵盖学习者终其一生所接受的正规和非正规的不同层级、不同类型的教育和培训活动。最后，各教育利益相关者对教育目的有不同的期许，因此对教育质量的理解和侧重点存在明显差异。从教育教学的实践来看，对教育质量衡量的核心在于特定类型、特定学段教育目标的实现程度，最终的落脚点则在学生的全面发展上。❷

---

❶ 楚江亭，郭德侠. 关于建立我国教育标准的思考——兼论 UNESCO《国际教育标准分类法》的主要内容 [J]. 教育理论与实践，2002（10）：11-15.

❷ 中国教科院教育质量标准研究课题组. 教育质量国家标准及其制定 [J]. 教育研究，2013（6）：4-16..

《教育大辞典》对教育质量标准作出了这样的解释："教育质量是对教育水平高低和效果优劣的评价""最终体现在培养对象的质量上"。"教育质量的"衡量标准是教育目的和各级各类学校的培养目标。前者规定受培养者的一般质量要求，也是教育的根本质量要求；后者规定受培养者的具体质量要求，衡量人才是否合格的质量规格"。❶

综合以往的研究成果，我们认为，教育标准是指为实施国家教育法律法规和有关教育方针政策，为在教育活动领域获得最佳秩序，在教育教学实践与理论研究的基础上，对各级各类教育活动事项制定的各类教育规范与技术规定。它既是指导和规范教育实践活动的基本准则，同时也是衡量教育质量高低的评价依据。

2. 教育标准的分类

与前文中提到的标准的分类一样，教育标准包括国家标准、行业标准、地方标准、团体标准和企业标准。国家标准分为强制性标准、推荐性标准，行业标准、地方标准是推荐性标准。强制性标准必须执行。推荐性国家标准、行业标准、地方标准、团体标准和企业标准的技术要求不得低于强制性国家标准的相关技术要求。

根据《中华人民共和国标准化法》（以下简称《标准化化法》），教育部依据职责负责教育领域强制性国家标准的项目提出、组织起草、征求意见和技术审查。国务院标准化行政主管部门负责强制性国家标准的立项、编号和对外通报。强制性国家标准由国务院批准发布或者授权批准发布。对满足基础通用、

---

❶ 顾明远. 教育大辞典（增订合编本）[M]. 上海：上海教育出版社，1998：798.

与强制性国家标准配套等需要的技术要求，可以制定推荐性国家标准。推荐性国家标准由国务院标准化行政主管部门制定。"国家标准"是标准化法规定的专属名词，未经过以上程序制定发布的教育标准，不得冠以"国家标准"名称。

对没有推荐性国家标准、需要在全国教育行业范围内统一的技术要求，可以制定行业标准。行业标准由教育部制定，具体包括立项、组织起草、审查、编号和批准发布等。根据《行业标准管理办法》的规定，在行业标准批准发布后 30 日内，应当将已发布的行业标准及编制说明连同发布文件各一份，送国务院标准化行政主管部门备案。

针对没有国家标准和行业标准、需要在特定行政区域内统一的教育领域技术要求，可以制定地方标准。地方标准由省、自治区、直辖市人民政府标准化行政主管部门报国务院标准化行政主管部门备案，由国务院标准化行政主管部门通报教育部。

（二）推进教育标准化工作

进入新时代，我国教育事业步入高质量发展阶段，教育标准的重要性日益凸显。若要加快教育现代化、建设教育强国、办好人民满意的教育，引导我国教育总体水平逐步进入世界前列，就必须增强标准意识和标准观念，形成按标准办事的习惯，提升运用标准的能力和水平，形成可观察、可量化、可比较、可评估的工作机制，充分发挥标准的支撑和引领作用。

1. 明确教育标准体系的构成

国家教育标准是为了有效指导和保障教育事业的健康发展和人才培养质

量，由全国教育标准委员会组织制定，国家标准化主管机构批准发布，对全国教育发展有重大意义，在全国范围内统一适用的教育标准。

原则上，对需要在全国范围内统一的教育规范与技术要求，应制定国家教育标准；对需要在全国教育行业范围内统一的教育规范与技术要求，应制定行业教育标准；对局部地区适用的教育规范与技术要求，应制定地方教育标准。

教育标准按实施性质可分为强制性标准和推荐性标准。保障人体健康、安全的标准和法律、行政法规规定强制执行的标准是强制性标准，其他标准是推荐性标准。

国家教育标准体系是由国家确立的有关教育运行的一整套标准系统，包含教育实践活动的各个领域、相关主体及事业内容。目前，我国正在制定的国家教育标准分为六大类别：第一，各级各类学校建设标准，包括教学、生活、体育设施、劳动和实习实训场所，以及仪器设备、图书资料等国家配备标准；第二，学科专业和课程体系标准，包括学科、专业、课程和教材等标准；第三，教师队伍建设标准，包括校（园）长、教师的编制标准、资格标准、考核标准，以及教师职业道德和教师教育标准；第四，学校运行和管理标准，包括学校生均拨款标准，学校行政、教学和服务行为标准；第五，教育质量标准，包括德、智、体、美等各方面的人才培养质量标准；第六，国家语言文字标准，包括国家通用、少数民族、特殊语言文字标准和语言文字信息化标准等。

2. 规范教育标准制定程序

制定教育标准应当在科学技术研究成果和教育改革发展实践的基础上，深入调查论证、广泛征求意见，以保证标准的科学性、规范性和时效性。

制定教育标准要处理好必要性和可行性、统一性和特色化、刚性约束和鼓励创新的关系，充分考虑区域特点和城乡差距，给基层留出探索创新的空间。要统筹好不同领域的教育标准，保持标准相互衔接，避免标准之间的冲突。以强制性标准、教育部规范性文件引用的推荐性标准为底线要求，鼓励地方结合实际出台并实施更高标准。

制定推荐性标准时，应当组织由相关方组成的标准化技术委员会，承担标准起草、技术审查工作。制定强制性标准时，可以委托相关标准化技术委员会承担标准的起草、技术审查工作。未组成标准化技术委员会的，应当成立专家组承担相关标准的起草、技术审查工作。标准化技术委员会和专家组的成员应当具有广泛代表性。

标准编写参照《标准化工作导则　第1部分:标准的结构和编写》（GB/T 1.1—2020）规定，标准应当按照编号规则进行编号。编号规则由国务院标准化行政主管部门制定并公布。教育领域的行业标准编号为 JY。

建立标准实施信息反馈和评估机制，根据反馈和评估情况对标准进行复审。标准复审周期一般不超过 5 年。经过复审，对不适应教育改革发展实际的应当及时修订或者废止。

3. 完善教育标准体系框架

加快制定、修订各级各类学校设立标准、学校建设标准、教育装备标准、教育信息化标准、教师队伍建设标准、学校运行和管理标准、学科专业和课程标准、教育督导标准、语言文字标准等重点领域标准，加快建成适合中国国情、具有国际视野、内容科学、结构合理、衔接有序的教育标准体系，实现教育标准有效供给。重点加快以下领域标准研制：①学校设立标准。完善设立各级各类学校的基本标准。②学校建设标准。加快制定、修订各级各类学校建设标准。③教育装备标准。完善学校、幼儿园教学装备配置标准，出台教育装备分类标准，组织研制装备标准建设规划，加快完善教育装备配备标准和质量标准体系建设。研制寄宿制学校生活设施标准，加强实验实践、艺术、体育、卫生和心理健康教育教学设备配置标准的建设，制定、修订特殊教育资源教室及康复设施和设备配备标准并开展无障碍环境改造。④教育信息化标准。研制教育信息化设施与设备标准、软件与数据标准、运行维护与技术服务标准、教育网络安全标准、教育信息化业务标准、在线教育和数字教育资源标准、教师信息技术应用能力标准、学生信息素养评价标准。⑤学校运行和管理标准。各省（区、市）合理确定各级各类教育生均财政拨款基本标准。完善家庭经济困难学生资助标准。分类制定各级各类学校管理规范。⑥学科专业和课程标准。以核心素养为依据，修订国家基础教育课程方案和课程标准，明确各学科学业质量要求。完善中等职业学校公共基础课程设置方案和思想政治、语文和历史等国家课程标准。完善职业学校专业目录和专业设置管理办法、专业教学标准、顶岗实习标准、实训教学条件建设标准等。完善普通高等学校本科专业类教学质量标准、研究生教育学术学位和专业学位基本要求，逐步健全特殊教育课程教材体系。⑦教育督导评价标准。研制督政工作分类标准、地方政府教育等职能部门及各级各类学校督导评估标准、各级各类教育评估监测标准、督学队伍建设标准。研制义务教育县域教育质量、学校办学质量和学生发展质量评价标准。明确国家教育考试考场基本要求。⑧建立来华留学质量标准。逐步建立高等学历继续教育质量标准体系。⑨教师队伍建设标准。健全教师资格标准、教师编制或配备标准、教师职业道德标准、教师专业标准、教师培养标准、教师培训标准、教师管理信息标准等。研制双语教师任职资格评价标准。⑩语言文字标准。建设信息化条件下的语言文字规范标准体系。研制相关语音标准、文字标准、语汇标准、语法标准、少数民族语言文字标准和外语应用标准。

4. 完善教育标准实施机制

提高运用标准的意识和能力，加大标准执行力度，政策制定、行政许可等要积极引用标准和有效使用标准。强化依据强制性国家标准开展监督检查和行政执法。鼓励将教育改革发展典型提炼总结成教育标准，通过标准方式形成可复制、可推广的经验，发挥示范引领作用。

鼓励各级各类学校、幼儿园向社会公开其执行的教育标准。对于学会、协会等社会团体而言，鼓励其制定教育领域的团体标准，由本团体成员约定采用或者按照本团体规定供社会自愿采用。团体标准实施效果良好且符合国家标准、行业标准或地方标准制定要求的，团体标准发布机构可以申请将其转化为国家标准、行业标准或地方标准。

标准若要更好地得到执行和落实，还需要加大教育标准宣传力度，推广教育标准化工作的成功经验，解读教育标准文本，让标准化理念在教育领域深入人心。受众只有更好地了解标准后，才能自觉地使用标准。另外，要加大标准公开力度，强制性标准文本应当免费向社会公开，推动免费向社会公开推荐性标准文本。

5. 健全教育标准管理机制

按照"管业务必须管标准"的原则,将教育标准制定和宣传贯彻实施与业务工作密切结合起来。不断完善本业务领域标准体系,制订并实施教育标准年度计划。标准与标准化类政策文件作为两种管理方式和手段,要统筹用好,同时根据需要及时将标准类政策文件转化为标准。教育行政部门和教育领域标准化技术委员会应加强合作,共同推进国家标准和行业标准的制定、修订工作。

标准要与时俱进,应加强研究与修订工作,为此要加大教育标准化工作经费保障力度。通过专项支持、政府购买服务等方式,确保对纳入工作计划的标准制定、修订工作的支持力度。

三、教育标准体系建设进展

(一)重视教育标准体系建设

教育标准化工作的任务是制定标准、组织实施标准,以及对标准的制定、实施进行监督。标准是可量化、可监督、可比较的规范,是合理配置资源、提高效率、推进治理体系现代化的工具,是衡量工作质量、发展水平和竞争力的尺度,是一种具有基础性、通用性的语言。

一是教育标准化是国家推进治理现代化的基础性工具。由于标准是非常强的指标体系,具有直接的可操作性,既可量化又可比较,其在国家教育管理过程中可以据此进行有效监督。标准也作为衡量各地区、各部门工作质量、发展水平和竞争力的有效尺度。另外,教育标准体系能够为教育事业发展指明方向,提出规范,成为各地办好各级各类教育的重要遵循依据。

　　二是推进各地各部门增强标准意识，形成按标准办事的习惯。教育标准体系的建立使所有工作可以观察比较、量化比较、纵横向比较，工作效果可以依据标准来评估，在这种工作机制下能够提升各方面能力和水平。

　　三是教育标准化有利于学校办学条件和水平与当地经济社会发展水平协调发展。在教育标准建立之后，学校设立标准、学校建设标准、教育装备标准和教育信息化标准等，都会被强制要求达到与当地经济社会水平相对一致的发展水平。

　　四是教育标准化能够提高教育公平的可感知度，助力教育均衡发展。通过出台相关教育标准，如推进学校标准化建设能够将薄弱学校提高到应有水平，有助于保障基本的校际公平。

　　近年来，我国教育标准化工作不断加强，制定和实施了一系列教育标准，发挥了重要的规范、引领和保障作用。

　　1993 年颁布的《中国教育改革和发展纲要》确定了标准在教育发展中的重要地位，提出"建立各级各类教育的质量标准和评估指标体系"。全文提到"标准"一词多达 16 处，包括"办学条件标准""高等学校分类标准""课程设置和课程标准""学校人员编制标准""教师资格和教职工基本工资标准""对于不同层次和科类学校的拨款标准""各级各类学校的质量标准""非义务教育阶段学生学费标准""义务教育阶段学校杂费收费标准"等，并提出了若干标准化建设的具体措施，影响了此后十多年的教育标准建设。❶

　　1999 年，《中共中央　国务院关于深化教育改革全面推进素质教育的决定》提出"要依法抓紧制定国家职业（技能）标准，明确对各类劳动者的岗位要

❶　方晓东，王燕.中国教育质量观的发展脉络 [J].人民教育，2011（2）：7-11.

求"。同年,《国务院批转教育部面向 21 世纪教育振兴行动计划的通知》(国发〔1999〕4 号)提出,"形成现代化基础教育课程框架和标准""充实学校设置标准"。

2001 年,《国务院关于基础教育改革与发展的决定》(国发〔2001〕21 号)提出,由国家确定义务教育的"课程标准",并由国家来"制定中小学课程发展总体规划,确定国家课程门类和课时,制定国家课程标准",同时提出了中小学教材版式国家标准、中小学教职工编制标准、工资标准、经费标准、收费标准和学生体质健康标准等。

2002 年,《国务院关于大力推进职业教育改革与发展的决定》(国发〔2002〕16 号)提出,由省级人民政府制定本地区的"职业学校生均经费标准",省级教育行政部门、劳动保障部门会同价格主管部门确定"职业学校和职业培训机构的学费标准"。

2003 年,《国务院关于进一步加强农村教育工作的决定》(国发〔2003〕19 号)提出制定和修订"农村中小学生均公用经费基本标准、杂费标准及预算内生均公用经费拨款标准",制定和实施"职业学校和成人学校的教职工编制标准"。

2004 年,国务院发布的《2003—2007 年教育振兴行动计划》(国发〔2003〕19 号)提出推广"学生体质健康标准""建立学生体质健康监测体系";"建设面向现代教育体系和社会语言文字应用的语言文字规范标准,加快国家通用语言文字和少数民族语言文字规范标准的制订、修订和测查认证工作";制定"教师教育机构资质认证标准、课程标准和教师教育质量标准,建立教师教育质量保障制度"。

2005 年,《国务院关于大力发展职业教育的决定》(国发〔2005〕35 号)提出建立"具有职业教育特点的人才培养、选拔与评价的标准和制度",制定"特有工种职业资格标准""培训机构资质标准和从业人员资格标准",建立"反映经济发展和劳动力市场需要的职业资格标准体系"。

2005 年,《国务院关于深化农村义务教育经费保障机制改革的通知》(国发〔2005〕43 号)强调要"落实各省(区、市)制订的本省(区、市)农村中小学预算内生均公用经费拨款标准""由中央适时制定全国农村义务教育阶段中小学公用经费基准定额"。

2009 年,《国务院办公厅转发〈关于进一步加快特殊教育事业发展的意见〉的通知》(国发〔2009〕41 号),提出"研究制定特殊教育学校(院)生均公用经费标准"。

2010 年,《国务院关于当前发展学前教育的若干意见》(国发〔2010〕41 号)提出制定"各种类型幼儿园的办园标准""公办幼儿园收费标准",各地根据实际研究制定"公办幼儿园生均经费标准和生均财政拨款标准",国家颁布"幼儿教师专业标准"。

2011 年,《国务院关于进一步加大财政教育投入的意见》(国发〔2011〕22 号)提出要完善"教育经费支出标准"。

2012 年,《国务院关于加强教师队伍建设的意见》(国发〔2012〕41 号)提出完善"教师专业发展标准体系",出台"幼儿园、小学、中学、职业学校、高等学校、特殊教育学校教师专业标准""幼儿园教师配备标准",制定"幼儿园园长、普通中小学校长、中等职业学校校长专业标准和任职资格标准""高等学校教职工编制标准""师范类专业认证标准",逐步实行"城乡统一的中小学教职工编制标准",进一步完善"职业学校教师资格标准""教师职务(职称)评定标准""教师考核评价标准"。同年,《国务院关于深入推进义务教育均衡发展的意见》(国发〔2012〕48号)提出"推进义务教育学校标准化建设"。

2018年,《教育部关于完善教育标准化工作的指导意见》(教政法〔2018〕17号)提出,为落实党中央、国务院关于标准化工作的决策部署,强化标准对加快教育现代化、建设教育强国、办好人民满意的教育支撑和引领作用,根据《标准化法》、《中华人民共和国教育法》(以下简称《教育法》)等法律法规,就完善教育标准化工作提出指导性意见。

2021年,教育部出台六部门联合印发了《义务教育质量评价指南》(教基〔2021〕3号,以下简称《评价指南》),出台了县域、学校和学生三个层面的质量评价指标体系,同时规定将学生发展质量评价结果作为学校办学质量评价和县域义务教育质量评价的重要依据,将学校办学质量评价结果作为对学校奖惩、政策支持、资源配置和考核校长的重要依据,将县域义务教育质量评价结果与县级党政领导履行教育职责评价、义务教育优质均衡发展认定等工作挂钩。虽然指标体系有了,但具体到作为教育产出的学生发展质量各项指标常模和国家标准,目前还只是定性描述。

在教育标准建设的同时,教育法制建设步伐加快。教育法律作为国家制定的关于教育活动的强制性规定,为制定各级各类教育标准提供了最根本的依据。《中华人民共和国教育法》(1995年)涉及教育设施标准和国家教育教学标准,《中华人民共和国教师法》(1995年)涉及教育教学设施和设备标准,《中华人民共和国职业教育法》(1996年)涉及职业等级标准、教育设施标准和生均经费标准,《中华人民共和国民办教育促进法》(2002年)涉及民办学校设置标准、教职工工资标准和收费标准。2006 年修订的《中华人民共和国义务教育法》中"标准"一词出现 12 次，涉及办学标准、学校建设标准、课程标准、教职工编制标准、工资标准和学生人均公用经费标准等。"标准"一词在《中华人民共和国高等教育法》中出现 8 次，涉及录取标准、学业标准、学位标准、高等教育机构标准和高等学校年经费开支标准。

　　总的来看，党和国家对教育标准体系建设非常重视，将标准化建设作为教育治理的重要手段之一。我国教育标准建设从笼统要求走向具体要求，从外延标准建设走向内涵标准建设，从非系统化走向系统化。客观来说，这些年我国教育标准化工作不断加强，制定并实施了一系列教育标准，发挥了重要的规范、引领和保障作用。

（二）现行教育标准的特征

　　教育标准应该是作为系统而存在的，任何一项标准都是标准系统的有机组成部分。经过多年努力，我国教育标准体系建设卓有成效，初步形成了包括学校建设标准、学科专业和课程标准、教师队伍建设标准等类别组成的教育标准体系。但以制度体系的标准审视，教育标准体系离"具有国际视野、适合中国国情、涵盖各级各类教育"的体系要求还有一定差距，缺乏顶层设计。

　　从标准所属领域来看，各级各类教育标准建设不平衡和不同步。基础教育、职业教育、学科专业和课程体系领域教育标准建设步伐较快。基础教育阶段标准在近五年出台总数量中占比近 50%。尤其是义务教育阶段标准体系建设日趋完善，在教育标准体系建设中具有标杆作用。职业教育标准体系建设取得突破，教育部先后发布了包括专业目录、专业教学标准、公共基础课程标准、顶岗实习标准、专业仪器设备装备规范等在内的国家教学标准，形成了较为完善的国家职业教育标准体系。除此之外，高等教育、全学段的标准占有较高比例。但在另一些领域，如终身教育、特殊教育等标准化占比较低，有的甚至还处于空白，凸显了体系在学科、学段间的不平衡。❶另外，外延标准建设和内涵标准建设也不平衡，如教师队伍建设领域标准建设由编制标准到专业标准，但是中外合作办学教育标准建设仍然停留在办学标准等外延标准上。

从标准内涵来看，投入标准和过程标准相对完善，但产出标准比较欠缺。各级各类教育已基本建立起办学标准等条件标准和课程标准、教育实施标准等过程标准，但对于特定阶段或特定类型人才培养目标标准，即学生学业成就评价标准尚不够健全，从国家到地方仍处于实践探索阶段。

从标准落实来看，教育标准在有些领域的实施有所"乏力"，落实不够，表现出"重制定、轻实施"。一是教育标准体系本身不够完善，部分标准过于笼统，不具有可操作性，落实有难度。二是对教育标准重视不够，认为标准可有可无。部分教育管理者和一线教育工作者认为"标准不等同于教育法规政策""标准可有可无"。三是个别情况下，教育标准在迎接上级检查、各类审查时才"落实"，在日常教育教学及管理工作中则被虚化。四是教育政策落实机制不够健全，如落实主体不明、职责不清，缺乏制度保障、缺乏科学的评估标准等。

（三）完善教育标准体系建设

国家教育标准体系的建设要立足我国社会主义初级阶段的基本国情，以

❶ 杨润勇.我国教育标准化改革：背景、问题与建议 [J].教育理论与实践，2018（4）：17-20.

全面提高教育质量、促进教育公平为目标，以促进受教育者身心全面发展为导向，以教育教学基本规律为引领，以国际先进经验为借鉴，充分发挥教育标准的导向性作用、评价性作用、监测性作用，通过国家教育标准的实施，提升教育薄弱地区、教育薄弱环节的工作水平，规范教育行政行为与学校办学行为，提高教育现代化水平。

1. 完善国家教育标准体系

（1）健全教育标准体系。世界主要发达国家教育标准的制定通常以需求为导向，由政府和社会机构共同参与执行，质量标准是教育标准体系的核心。英国形成具有广泛影响的督导制度以提高质量标准，还有相应的学校财政标准和校长国家标准。澳大利亚建立了完善的质量监测评估体系，俄罗斯的职业教育标准完善，日本各级各类学校办学标准和教师资格标准都很完善，芬兰还独设学校图书馆建设指南。

与标准健全的国家相比，我国现行教育标准不规范、不健全、不平衡、不系统，需完善教育质量标准和学生学业成就评价标准，加强幼儿园、中小学及中等职业学校设置标准和各级各类学校师资队伍建设标准的制定与修订。

（2）提高教育标准制定或颁布主体层级。目前，我国的教育标准尚未上升到立法层面，教育立法中仅提及某些教育标准，但并未对其具体内容作出专项立法规定。大多数教育标准由教育部或教育部会同相关部委颁布，而由国务院或国家标准化管理委员会颁布的教育标准数量较少。

相比之下，俄罗斯、韩国、日本等国主要通过联邦政府或国会制定和批准国家教育标准。日本主要由国会制定法律,以法代标、依法定标;韩国教育标准大多由总统发布执行令;俄罗斯联邦政府对国家教育标准制定与颁布的规则有专项立法规定。我国教育标准制定或颁布主体的层级较低,多由教育部或教育部会同相关部委颁布,不利于保障教育标准的权威性、强制性。

建议提升国家教育标准的制定或颁布主体层级,由全国人大常委会在条件成熟时以立法形式颁行某些国家专项教育标准,同时尽可能以"国家标准"颁布国家教育标准。通常情况下,至少应由国务院颁布教育标准,以确保国家教育标准的权威性、强制性和执行力。

(3)强化软件类教育标准。依据标准所规范的对象的不同,教育标准可以分为软件类标准和硬件类标准。其中,软件类教育标准主要包括各级各类标准中对参与教育中的各类人的素养、能力等方面的规定,还包括对文化、制度、精神及理念方面的相关规定;硬件类标准主要包括对教育中各种物理部件或者设备的规定。

对目前搜索到的 59 项日本教育标准进行分析发现,可以归为硬件类标准的有 6 项,可以归为软件类标准的有 45 项,其他标准则同时涵盖了软件和硬件类标准。对比发现,日本更多偏向软件类教育标准的制定,且较为系统,软件类标准的规定也较为详细、具体、操作性更强。我国的软件类教育标准在操作性方面有待进一步加强。

加强软件类教育标准的改进,首先,要注重软件类教育标准体系的整体建构。针对我国软件类教育标准存在的问题,应进一步加强软件类教育标准的系统性,从"宏观—中观—微观"三个层面对软件类标准进行系统化的整合与优化,做到分类明确、层次清晰。其次,是强化软件类标准的可操作性。

在保障软件类标准覆盖面的基础上，强化软件类标准的可操作性。在发挥软件类教育标准价值引导的作用之外，还要积极彰显软件类标准对于实践的指导意义，加强标准的针对性。

（4）适时修订教育标准。对世界各国现行国家教育标准的制定时间和施行期限进行考察后发现，教育标准相对健全的英国现行的教育标准主要有46项。其中，实行时间最长、超过20年的标准有两项，制定于1992年，仅占现行标准的4.3%；近5年制定的标准共7项，占15.2%；近10年制定的标准共29项，占63%。教育标准比较完善的俄罗斯，其标准制定工作起步较晚，始于1992年以后。俄罗斯从2010—2011年开始制定第三代部分标准，目前第三代教育标准已投入实行，标准的更新周期为10年。韩国的教育标准往往附在相关的教育法令和规程中，随着教育改革的需要进行不定期修订，而作为教育标准重要组成部分的国家课程标准，大概每7年重新修订一次。

把我国与发达国家教育标准的制定时间和更新周期进行对比发现，近年来，教育标准的制定在我国得到了足够的重视。特别是近5年，是我国教育标准制定相对密集的时期。但在制定新标准的同时，一些实行多年的标准的更新工作相对滞后，明显落后时代的需求，无法发挥标准应有的作用。

高标准才有高质量，没有标准化的进步，就没有质量的成功。根据社会经济的发展对人才的需求，以及教育自身发展的阶段性特征，动态修订和完善教育标准是提升教育质量、保证教育公平、促进教育创新的必然选择。

（5）加强教育标准的体系化建设。目前，我国教育标准总数虽然很多，但是标准化建设还不完善，主要体现在四个方面。第一，教育并没有被列入《标准化法》的范畴，教育标准的制定缺少法律依据。第二，教育标准专业化组织不健全，目前仅有教学仪器、教育技术、语言文字和教育服务四个标准化技术委员会。第三，教育标准的结构不合理。现行国家标准中，教育类及与教育相关的标准基本都属于教育外围标准。而涉及教育事业发展与运行的各项标准散见于教育部及其司局下发的各类文件中，这些文件的名称中尽管包含"标准"一词，但它们并不隶属《标准化法》所规定的标准，因此约束力不强。第四，教育标准的实施缺乏有效的监督。我国的教育标准中除了国家标准和行业标准，其余由教育部制定的标准在实施过程中并没有完全落实到位。

加快我国教育标准的体系化建设，一是尽快成立国家教育标准委员会及各专业教育标准委员会，负责组织制定教育类国家标准和行业标准；二是教育标准的制定应尽可能听取各利益方意见，并吸纳社会相关机构参与，提高标准的针对性；三是加强标准执行督查力度，提高标准的效力；四是加强教育标准重大理论问题研究。

2. 健全教育标准化工作保障体系

在教育标准化推进工作中还存在许多问题，其中最凸显的是标准化工作机制不健全，缺乏有效的工作保障措施和积极的推动方法。各级教育管理部门和一线教育工作者应积极强化标准意识，提高标准化业务水平。

（1）强化标准意识，提高依标准管理和工作的自觉性。教育部出台《关于完善教育标准化工作的指导意见》（教政法〔2018〕17号），进一步明确了教育标准化工作的重要性，强调以教育标准化建设为主线，推动教育变革与创新。新形势下，以加快教育现代化、建设教育强国、办好人民满意教育为目标，引导我国教育总体水平逐步进入世界前列。各级教育行政部门和一线教育工作者必须增强标准意识和标准观念，在教育领域形成按标准办事的习惯，提升运用标准的能力和水平，充分发挥标准的支撑和引领作用，使标准化成为教育工作的重要抓手和基础，在工作中认真贯彻落实政策文件精神，结合实际健全本地标准体系，形成依标准管理和工作的良好机制。

（2）强化标准培训，建立标准化专家队伍。做好教育标准化工作，必须要培养一批标准化工作专家。对于国家而言，首先要建立教育标准体系建设的专家库，选拔各学段和领域思想过硬且业务能力强的专业人才进入专家库。为专家库成员举办有针对性的标准研制和规范的培训，明确教育标准化工作的重要意义，不断提升专家理论水平和专业能力。与此同时，还要提高专家们质量验收、标准制定和审定、标准宣传贯彻落实等实践工作能力。

（3）积极宣传做好落实，发挥标准的支撑引领作用。教育标准化工作在实际中未能引起地方和基层单位的足够重视，标准贯彻应用不到位的现象也普遍存在。贯彻落实好标准，宣传是首要任务。首先，各地应通过下发文件和培训的方式，不断提高基层单位对教育标准化工作的认识；其次，将标准文本下发到各县（市、区），依据下发的相关规范和要求等标准化，加强培训与指导；最后，还要对国家新颁布的标准及时培训宣传，主持标准制定和起草的专家要积极参与到培训和基层指导应用工作中。

（4）加强对标准贯彻落实的监督与指导。为了确保教育标准的落地和发挥作用，教育督导部门应切实负起对标准贯彻落实的监督与指导责任。一方面，教育督导工作的开展要以教育标准为重要依据，督促教育事业发展的各方面达标是教育督导工作的重要任务，以此不断推动教育事业更好发展；另一方面，通过对实际教育工作的督导，也能够为教育标准的适时修订提供重要参考。

第二章　标准制定的导向与规范

教育标准的研制要遵循标准化工作的程序步骤，这对教育标准的科学性和可持续发展具有基础性保障作用。要在明确教育标准类型的基础上，完善关于标准的"标准"，并形成规范。

一、办学标准制定的原则和导向

学校办学标准是有关合格学校办学必须具备的各种物质条件和精神条件，通常由国家制定并在全国范围内统一实施。办学标准包含"硬件"和"软件"两方面，不仅包含传统概念所蕴含的各种物质条件等方面的硬件标准，也包含办学治校不可缺少的各种思想文化制度等方面的软件标准。一方面，学校办学标准要考虑中小学办学既需要相应的物质条件作为其基础，也需要独特的学校文化作为其精神支撑；另一方面，要考虑办一所学校涉及的师资、经费、设施、教学及学校文化等因素。因此，在制定学校办学标准时，"人、财、物、事、气"等都将作为办学标准的内容，对相应标准提出相应要求。具体而言，"人"的指标是办学治校必不可少的人员条件，包括学校领导与管理人员、教师和职工、学生等；"财"的指标是维持学校正常运转和促进学校进一步发展所需的各项经费条件，涉及经费的来源、支出及其管理效率等；"物"的指标是学校不可或缺的各项基本物质条件，既涉及整体上的校址选择、学校布局、规模及教育信息化的程度，又涉及校园内部校舍、场地、仪器设备、图书资料、卫生生活设施和设备等不同方面；"事"的指标是指为培养人而对学校各项事务分别设置的工作标准。这主要包括教育教学工作指标，以及为教育教学提供辅助性服务的各种学校管理工作指标。"气"的指标是指学校必须具有的一种精神气质、整体气氛。"气"赋予学校以生命、活力和特色，"气"涵盖的内容较广，包括学校传统、学校形象、办学理念、组织文化，特别是相应的学风、教风、工作作风及领导作风，等等。❶

办学条件标准是办学标准中的重要内容。办学条件标准是中央或地方政府部门对学校的各项基本办学条件所作的规定，是就全国或地方在一段时间内办学条件所提出的最低要求。制定办学条件标准的作用是多方面的。从对社会评判的角度来说，恰当的办学条件标准是衡量一个地方教育发展和社会发展的一面镜子；对于政府而言，按照标准普遍提供办学条件是基本责任，也是评价政府履行职责的尺度；对于学校而言，办学条件标准是规划、建设和管理学校的指导，是学校向政府和社会寻求办学资源的依据；对于社会公众而言，办学条件标准是监督政府在教育方面工作的工具。❷

---

❶　张新平.关于基础教育阶段学校办学标准的若干思考 [J].教育研究，2010（6）：37.

❷　本刊编辑部.办学条件标准的若干基础性问题访谈 [J].教育科学研究，2004（2）：16-20.

（一）办学标准研制指导思想

本标准研制遵循《标准化导则》和《国家标准管理办法》的规范和要求，明确以义务教育学校为研究对象，制定推荐性的办学标准。

整体上，在研制义务教育学校办学标准的过程中要注重以下五个结合。

1. 专业导向和育人为本相结合

在办学标准的内容确定上，要从教育发展的核心要素入手，既有外在保障条件、制度，又有促进学生发展的课程教学、文化建设与学校管理等软性环境。在办学条件指标及要求的设定上，要遵循教育规律及学生发展规律。注重教师和学生视角，以最大限度满足教师和学生的发展需要为根本来全面创设良好的育人环境。

2. 基本规范和前瞻引领相结合

对于不同类型的义务教育学校而言，要以达成普通完全小学规范办学的通用性标准或要求为基础。与此同时，兼顾教学班数、学生数及年级数，依据不同区域发展特点，设定其满足规范办学的基本条件和要求，要强调实用、好用。另外，义务教育学校发展也要时刻关注时代发展需求，面向未来发展及现代化学校建设的要求，对于空间布局、资源选择与应用、课程与教学、学校管理、家校合作等方面要具有前瞻性引领，不仅关注当下，更要着眼未来，尤其是服务于让学生更好适应和创造未来的核心素养和关键能力发展需求。

3. 全面要求和突出重点相结合

学校办学与发展是一个系统工程，需要全面考虑各方面的保障条件和要素。与此同时，办学标准的研制也要基于目前义务教育学校办学的突出问题、难点问题来重点考虑。例如，教师队伍一直是学校办学的核心要素，针对教师数量和结构问题，要有一些具体操作性的标准规定。由此，在办学标准的内容及规范要求方面，既要全面要求，又要重点突破。

4. 共同准则和体现独特相结合

国家将义务教育的相关标准和要求作为所有义务教育学校的共同准则。与此同时，义务教育学校中的特殊类型学校，如乡村小规模学校、乡镇寄宿制学校，则具有差异性和特殊性。为了保障不同类型义务教育学校的健康持续发展，也要相应地在办学标准内容中留足弹性以体现不同类型义务教育学校的独特性。

5. 立足国情和国际视野相结合

要构建高质量的义务教育体系，迈向教育现代化。国外有关义务教育学校的资源配置、教师队伍、课程教学和学校管理等方面的经验都值得我们学习和借鉴，可将其体现在我们健全和完善义务教育学校办学标准的理念和内容要求中。与此同时，也要立足我国义务教育学校所处的社会经济背景、义务教育学校好的做法和经验。这样我们研究的义务教育学校办学标准才能既体现先进性，又体现适用性。

总的来说，办学标准研制将以需求和问题为导向，基于国家已有的通识性学校办学和管理标准，针对义务教育学校的特殊性提出基本规范和要求，以保障和促进义务教育学校的健康可持续发展。

（二）标准研制原则

在办学标准编制过程中，应从办学标准的对象学校群体的发展现状和需求出发，遵循以下编制原则。

一是软硬结合。坚持"硬件""软件"和资源配置相结合，不仅要保障学校运转的硬件设施，还要关注利于提高教育教学水平的教育教学设施设备的配置；不仅要关注物质资源的配置，还要注重教师配置、课程教学、管理制度等方面的引导；既关照硬件、软件资源配置标准和要求，又重视学生学习辅导、生活管理服务、行为习惯培养、心理疏导、校园安全等多方面管理服务的规范化，以及相关保障制度的研究。要在整合现有标准与规范要求的基础上，系统地设计义务教育学校办学标准。

二是安全精要。在办学条件资源配置标准的研制方面：首先要考虑安全，从校舍到水电等配置和管理都应注重安全要素；其次要坚持精要原则，既要满足学校教育教学和师生生活的基本需求且具备时代特征，又要保障配置资源的质量过硬，能够持续和长期使用。

三是分类多元。义务教育学校复杂多样，有完全独立小学、独立初中，也有一贯制的完全中学，对于农村而言，还有乡镇寄宿制学校、小规模学校。在义务教育学校通识性标准的要求下，要有对标准内容的分类和弹性设计，以提高办学标准对于不同类型义务教育学校的适用性和针对性。仅就现存的小规模学校来看，情况也是复杂而多样的：从年级设置看，有以低年级为主的、有隔年招生存在高年级的、有各年级齐全的；从授课形式看，有单班授课的、有复式教学的；从学校规模看，有从1~100学生数量不等的；从学校存续看，有的可能会自然消亡或被撤并，有的可能因学生回流或新生增多而继续保留。对于各类情况，标准设定不应"一刀切"。除了考虑上述因素，还应考虑各地经费投入能力和小规模学校原有的发展基础，分类分级设定基本标准和发展标准。

教育标准的科学性与效力在很大程度上取决于标准的研制过程。教育标准的研制既要遵循通识性的标准研制程序与方法，又要尊重教育活动自身的特点与规律。教育不能"唯标准化"，标准化是实现教育目标的手段而不是目的，教育标准化应该有所侧重，要在体现教育特点的同时，适应学生发展的需要。

二、办学标准制定的一般程序与方法

（一）制定标准的法律规定

《标准化法》对不同类型标准的制定做了规范性规定。一是推荐性国家标准制定。对满足基础通用性、与强制性国家标准配套、对各有关行业起引领作用等需要的技术要求，可以制定推荐性国家标准。推荐性国家标准由国务院标准化行政主管部门制定。二是行业标准的制定。对没有推荐性国家标准、需要在全国某个行业范围内统一的技术要求，可以制定行业标准。行业标准由国务院有关行政主管部门制定，报国务院标准化行政主管部门备案。三是地方标准的制定。为满足地方自然条件、风俗习惯等特殊技术要求，可以制定地方标准。地方标准由省、自治区、直辖市人民政府标准化行政主管部门制定；设区的市级人民政府标准化行政主管部门根据本行政区域的特殊需要，经所在省、自治区、直辖市人民政府标准化行政主管部门批准，可以制定本行政区域的地方标准。地方标准由省、自治区、直辖市人民政府标准化行政主管部门报国务院标准化行政主管部门备案，由国务院标准化行政主管部门通报国务院有关行政主管部门。

同时，《标准化法》也对不同类型标准的制定主体和程序作出了相关规定。对保障人身健康和生命财产安全、国家安全、生态环境安全及经济社会发展所急需的标准项目，制定标准的行政主管部门应当优先立项并及时完成。制定强制性标准、推荐性标准，应当在立项时对有关行政主管部门、企业、社会团体、消费者和教育、科研机构等方面的实际需求进行调查，对制定标准的必要性、可行性进行论证评估；在制定过程中，应当按照便捷有效的原则，采取多种方式征求意见，组织对标准相关事项进行调查分析、实验和论证，并做到有关标准之间的协调配套。

制定推荐性标准时，应当组织由相关方组成的标准化技术委员会，由其承担标准的起草、技术审查工作。制定强制性标准时，可以委托相关标准化技术委员会承担标准的起草、技术审查工作。未组成标准化技术委员会的，应当成立专家组承担相关标准的起草、技术审查工作。标准化技术委员会和专家组的组成应当具有广泛代表性。另外，国家鼓励学会、协会、商会、联合会和产业技术联盟等社会团体协调相关市场主体，以共同制定满足市场和创新需要的团体标准，由本团体成员约定采用或者按照本团体的规定供社会自愿采用。制定团体标准时，应当遵循开放、透明、公平的原则，保证各参与主体获取相关信息，反映各参与主体的共同需求，并应当组织对标准相关事项进行调查分析、实验和论证。国务院标准化行政主管部门会同国务院有关行政主管部门对团体标准的制定进行规范、引导和监督。企业可以根据需要自行制定企业标准，或者与其他企业联合制定企业标准。国家支持在重要行业、战略性新兴产业、关键共性技术等领域利用自主创新技术制定团体标准、企业标准。

推荐性国家标准、行业标准、地方标准、团体标准和企业标准的技术要求不得低于强制性国家标准的相关技术要求。国家鼓励社会团体、企业制定高于推荐性标准相关技术要求的团体标准、企业标准。

制定标准应当有利于科学合理利用资源，推广科学技术成果，增强产品的安全性、通用性、可替换性，提高经济效益、社会效益、生态效益，做到技术上先进、经济上合理。禁止利用标准实施妨碍商品、服务自由流通等排除、限制市场竞争的行为。

（二）自主研制标准

标准化对象确立后，就要进入编制标准阶段。在正式编写标准之前，需要明确标准的编写方法和规则，这样才能有助于更好地研制出具体标准。标准编写方法主要有两种：自主研制标准和采用国际标准。由于教育领域大多数标准的研制属于自主研制，以下程序主要适用自主研制标准。

1. 确定标准化对象

在国民经济的各个领域中，凡具有多次重复使用和需要制定标准的具体产品，以及各种定额、规划、要求、方法和概念等，都可成为标准化对象。标准化对象一般可分为两大类：一类是标准化的具体对象，即需要制定标准的具体事务；另一类是标准化的总体对象，即各种具体对象的总和所构成的整体，通过它可以研究各种具体对象的共同属性、本质和普遍规律。因此，在制定标准时，首先要考虑制定标准的对象和内容。

在具体编写标准之前，最重要的一项工作是确定标准化对象。标准化对象决定了标准的名称、范围及标准技术要素的选择。一旦标准化对象确定下来，标准的名称（标准名称的主体要素即标准所涉及的对象）就可基本确定，标准范围的主要框架也随之确定。在编写标准的过程中，标准的名称将会随着标准内容的进一步明确而调整得更加准确，标准的范围也将随着标准内容的完成而得到完善。

如何科学地确定标准化对象呢？

一是要分析需求。如何衡量哪些对象需要标准化是一个十分重要的问题。只有建立对需求迫切性的评估程序，使需求分析做得充分到位，才能使标准准确、及时地反映市场需求，使发布的标准具有较高的利用率。要明确确立的标准化项目的目的和用途，以及科学判断实施标准的可行性并考虑制定标准的适时性。

二是考察是否具备标准的特点。标准需要同时具备"共同使用"和"重复使用"两个特点，要考察所确立的标准化对象是否同时具备这两个特点。只具备"共同使用"但不具备"重复使用"的文件，不适宜作为标准发布。

三是考虑与有关文件的协调。要考虑到现定项目与现行有关标准、法规或其他文件的关系，并评估它们涉及的特性和水平，判断是否需要进行协调，并在此基础上决定是否开展新的标准项目。如果现有标准能够满足需要就不必开展新的标准制定项目，如果只须在现有标准的基础上进行修改，就应该开展标准修订工作，而不必制定新的标准。

2. 确定标准的规范性技术要素

在明确标准化对象后，需要进一步讨论并确定制定标准的目的。根据标准规范的标准化对象、标准针对的使用对象，以及制定标准的目的，确定要制定的标准类型及标准章条的设置。在此基础上，标准中最核心的规范性技术要素也会随之确定。

3. 编写标准

首先，应从标准的核心内容——规范性技术要素开始编写。在编写规范性技术要素的过程中，如果根据需要准备设置附录（规范性附录或资料性附录），则要进行附录的编写。

其次，准备编写标准的规范性一般要素。该项内容应根据已经完成的内容加工而成。例如，规范性技术要素中规范性地引用了其他文件，这就需要编写"规范性引用文件"，将标准中规范性引用的文件以清单方式列出。将规范性技术要素的标题集中在一起，就可以归纳出标准范围的主要内容。

最后，规范性要素之后要编写资料性要素。根据需要可以编写引言，然后编写必备要素前言。如果需要，则进一步编写参考资料、索引和目录。此外，还需要编写必备要素封面。

（三）制定和修订标准的程序

制定标准的工作大致可分为三大阶段：一是制定标准计划项目阶段；二是自行编写、审定标准阶段；三是标准审批、发布阶段。三个阶段又各有不同的程序和要求。

1. 制定标准计划项目阶段

标准计划项目的制定应依次进行必要性论证、可行性论证，拟定标准内容提要，确定标准的原则和依据，以及拟定制定标准的工作大纲等工作。一是进行必要性和可行性论证，必要性论证包括明确是否应制定标准，制定标准的目的和意义、标准的适用范围和应用领域，初步拟定标准的主要结构和内容。可行性论证的目的是弄清楚制定标准的时机是否成熟，是否具备制定的条件，制定后实施有何困难，以及如何解决等。论证的主要内容包括制定标准的适时性，即要论证技术的成熟程度及标准是否符合发展需要。它包括制定标准的条件，是否有适当的制定标准的单位，以及是否具备实施标准的可能性。可行性论证还包括是否有足够的资料支撑，标准内容的完整、全面、准确和合理，很大程度上取决于对收集来的资料的整理、归纳、分析和对比。因此，要尽量收集有关国内外标准资料，包括国际标准、国家标准和地区标准等；还要收集有关科研成果报告、论文，以及有关生产、使用的现状经验总结和存在问题的解决办法等文件。对收集的国外资料，必须吃透原文意思，弄清来龙去脉，才能恰当取舍。二是拟定制定标准的工作大纲。可初步拟定制定标准的工作大纲,如制定标准工作量的大小、工作难易程度和复杂程度、有多少需要进行实验验证的项目、大致的工作进度、完成时间等。

2. 自行编写、审定标准阶段

提出标准的征求意见稿，是制定标准的基础工作，应尽量做到完备、周密、详细。

（1）组织标准制（修）订工作课题组。标准制（修）订任务下达后，承担任务单位应及时研究和确定该工作课题组人员，并指定项目负责人。原则上，应由对此标准内容比较熟悉的、有代表性的、有权威的单位组成起草标准工作组。工作组的人员多少、人员比例，依标准内容确定。

（2）编制标准制定工作方案。工作课题组成立后，首先，就制定标准的目的、要求和涉及的标准内容统一认识，然后拟定起草标准的工作计划。主要的工作项目包括拟定标准内容的构成及起草依据。依 GB/T 1.1—2020 标准化工作导则要求，拟定标准的构成及其主要内容，如范围、技术内容的各部分等。其次，收集有关资料，包括国内外标准资料，如国际标准、国家标准和地区标准等；国内外生产技术水平及相关经验总结，存在的问题和解决办法；有关的科研成果。在整体框架和资料分析基础上，应有针对性地开展调查研究，专门就标准中的关键问题或难点问题进行调查研究，了解清楚问题产生的根源、影响和解决办法等，为确定标准内容提供可靠的依据。最后，要安排试验验证项目。标准中有些技术内容或指标需要试验验证才能确定，应选择有条件的单位进行试验验证，并提出试验验证的报告和结论。

（3）提出标准草案（征求意见稿）。标准内容是一种科学的规定，有些标准本身就是一项科技成果，标准中的技术内容应建立在大量科研成果和生产实践经验基础上，一切技术指标都应该经过认真验证后才能确定。上述工作完成后，可进行整个标准的起草工作，可由一个人起草，也可分成若干部分分别由几个人起草，最后由一个人整理合成，经标准起草工作组讨论后定稿。如有必要，可邀请部分专家经讨论、修改后定稿。为了使标准制定科学合理，体现技术上的先进性、经济上的合理性，应将标准草案（征求意见稿）发送有关生产、使用、科研、设计和技术监督等部门，广泛征求意见。有时也可以召集专门的标准征求意见座谈会，征求有关单位和人员的意见。对大家提出的意见应进行分类整理，逐一分析研究，采纳合理的意见，对不正确的意见作出解释说明。分类整理的意见一般采用表格形式表达。在发送标准"征求意见稿"时，应同时发送标准编制说明及有关附件。

标准编制说明包含以下内容：标准项目任务来源及制定工作的简要过程；编制标准的基本原则，本标准同现行法规和强制性标准及相关标准之间的关系；本标准重要内容的确定依据、重要问题的解释说明；主要的技术指标、试验验证结果的分析、技术经济效果的预测；贯彻实施标准的建议和意见。

3. 标准审批与发布阶段

（1）归纳和整理征求来的意见。对于征求来的意见要逐条由起草人提出处理意见，然后经标准起草工作组集体讨论、确定。对意见的处理可以分为下列五种情况：采纳；部分采纳；不采纳，对此应说明理由或根据；待试验后确定，安排试验项目和试验要求及工作计划；由标准审查会决定。对意见的处理应依《意见汇总处理表》格式列出，并将其作为审查会的讨论依据和报批标准的附件。根据处理意见修改标准征求意见稿和编写说明及相应的图表。上述经修改的标准征求意见稿、标准编写说明及意见汇总处理表，经起草单位技术负责人审核后，提交负责该项目的技术委员会秘书处或技术归口单位审阅同意后作为标准送审稿，并确定用会审或函审形式审查。

（2）标准审查主要内容。一是标准的规定是否与我国现行有关法律、法规及相关标准协调一致，是否同我国强制性标准相抵触；二是标准内容是否采用国际标准和国外先进标准，做到技术上先进、经济上合理且安全可靠；三是标准的规定内容是否有充分的依据，是否在试验研究和总结实践经验的基础上确定的，是否在其适用范围内做到完整、齐全；四是标准编写方法是否符合 GB/T 1.1—2020 标准化工作导则的基本规定；五是贯彻实施标准的措施建议是否可行。

（3）审查标准方式有会审和函审两种。如果标准内容比较成熟，各方分歧意见不大，可以采用函审方式，以节约人力和物力；标准内容比较复杂、难度较大、争议较多的，应采用会审方式。

（4）审查。会议审查应写出"会议纪要"，并附参加审查会议代表签字名单；函审应写出"函审结论"。

（5）标准送审稿。标准送审稿经审查通过后，工作组要根据审查意见编写标准报批稿，报批时应呈交下列文件：①报批标准公文一份；②标准报批稿，其内容应与标准审定通过的内容一致，如有改动要有说明；③标准编制说明及有关试验验证报告；④标准审定会纪要或函审结论并附代表签字名单；⑤如采用国际标准或国外先进标准，应附有国际标准或国外先进标准原文和译文各一份。

三、办学标准的研制思路与方法

国家出台的《关于建立健全基本公共服务标准体系的指导意见》（中办发〔2018〕55 号）明确提出，要明确包括"幼有所育、学有所教"等九个方面的具体保障范围和质量要求，教育领域内相关标准的研制方法与程序也要遵循制定标准的一般方法与程序。此外，教育标准也有不同于其他领域标准的特点：一是教育标准内的硬性要求内容相对较少。与其他领域的技术标准有所不同，由于教育是培养人的活动，涉及很多弹性化的内容，教育标准体系中推荐性标准多，强制性标准少。二是教育标准更具有未来取向。教育是"百年树人"的一项事业，因此制定教育标准的重要理念就是要具有前瞻性，能够服务于为未来培养人。三是教育标准中涉及教育投入的，在计算投入产出比的时候不仅要看经济效益，更要看社会效益。

（一）论证该标准制定的必要性

正如制定标准程序中第一步所提及的要开展标准制定的必要性论证。是否需要制定该教育标准，即要对立项的必要性开展论证，分别要从现实需求、政策要求等方面来论证。

我们以乡村小规模学校办学标准的研制为例。首先，要论证现实有没有强烈的需求。乡村小规模学校是我国义务教育的短板，没有国家标准保障；现有学校建设标准不能满足乡村小规模学校建设的特殊需求，管理规范方面也缺乏系统性的制度设计。其次，乡村小规模学校发展的突出问题也凸显了研制办学标准的必要性。一是乡村小规模学校的属性不明、界定不清。乡村小规模学校缺乏明确界定和统一规定，总存在撤并风险。各地可能会从不同目的出发随意更改这类学校属性。二是乡村小规模学校作为义务教育发展的短板，亟须提升。这类学校普遍投入不足、条件薄弱、师资质量低下，课程开不齐、上不好。三是落实办好乡村小规模学校的政策要求标准引领。

从政策落实的需求来看，《国务院办公厅关于加快中西部教育发展的指导意见》（国办发〔2016〕37号）、《国务院关于统筹推进县域内城乡义务教育一体化改革发展的若干意见》（国发〔2016〕40号）、《国务院办公厅关于全面加强乡村小规模学校和乡镇寄宿制学校建设的指导意见》（国办发〔2018〕27号）都明确提出要"完善农村小规模学校、乡镇寄宿制学校办学标准，科学推进城乡义务教育公办学校标准化建设"。按照"实用、够用、安全、节俭"的原则，结合本地实际，针对小规模学校特点，合理确定这类学校校舍建设、装备配备、信息化、安全防范等基本办学标准。对于小规模学校，要保障信息化、音、体、美设施设备和教学仪器及图书配备，设置必要的功能教室，改善生活卫生条件。这些政策文件都明确提出制定乡村小规模学校办学标准的诉求。

必要性论证部分也包括明确标准定位及标准内涵，即标准的适用范围和应用领域，初步拟定标准的主要结构和内容。以"中国财经素养教育标准框架"的研制为例，在研制之初，分析研制背景后明确制定标准的目的和意义，即促进财经素养教育实施基准的相对一致性，为学校、社会机构开展财经素养教育及相关活动提供规范化目标参考，为财经素养及财经素养教育的测评提供质量参照。

（二）制订可行性工作方案

为了更科学地制定教育标准，我们需要制订可行性工作方案。在制订工作方案的过程中，要不断明晰标准制定过程中要解决的核心及重难点问题。

1. 成立标准制定工作小组

教育标准的制定会涉及国家、地方和学校等多个层面，也会涉及理论、实践、技术和方法等多个方面。在必要性论证之后，应该集结和融合多层面、多领域的相关人员成立工作小组。以研制乡村小规模学校办学标准为例，我们要建立强大的项目团队。项目团队的特点：一是来源多样。研究团队里有来自科研院所、高校、教师培养机构、地方装备机构等多样化专家；二是专业结构合理。依据办学标准的内容框架，邀请建设、装备、课程、复式教学和管理等多个不同领域的专家加入项目团队；三是职业结构合理。考虑推进标准制定工作的需要，项目团队里涵盖了科研人员、教研人员、行政人员、督学和校长等多种身份角色的人员。组建一个好的工作小组相当于为标准制定提供了强有力的保障。

2. 收集资料，做好文献综述

要全面完整确定标准内容，需要尽可能收集相关资料，并对资料进行整理、归纳和分析。

一是关于教育标准对象的界定与内涵的理论研究。以"中国财经素养教育标准"的研制为例，课题组全面梳理分析经济合作与发展组织（OECD）关于素养的概念范畴，结合我国学生发展核心素养的关键性特质，提出财经素养的界定，并进一步明确财经素养的维度和框架。而研制"乡村小规模学校办学标准"则要明确"乡村小规模学校"的界定及"办学标准"的内涵。这些都为之后制定标准的内容提供了明确的指导和方向。

二是标准化特定对象的国内外已有标准的梳理与分析。全面收集有关国内外标准资料，包括国际标准、国家标准和地区标准等。例如，在研制"乡村小规模学校办学标准"的过程中，课题组收集了国家中小学校办学相关标准，包括建设标准、教学仪器装备标准、教师资源标准、学校管理标准或政策等标准，把握国家标准的适用性及相关要求；收集了地方相关政策文件和标准，并对其进行总结提炼和吸收；收集各地推进乡村小规模学校更好发展的有效做法和经验，并进行总结提炼；收集国际组织和发达国家关于小规模学校的相关标准，有效做法和经验，如联合国教科文组织（UNESCO）对农村小规模学校建设制定的专门标准等；学习发达国家建设有质量的乡村小规模学校的有效做法与经验，对其进行创造性地吸收和借鉴，为乡村小规模学校办学标准研制提供重要参考和科学依据。

三是标准化对象的发展现状、问题与对策等研究文献。从学者研究的视角梳理、分析标准化对象发展的现实需求，以为标准制定的内容框架提供翔实的文献基础。例如，制定"乡村小规模学校的办学标准"时，需要查阅和收集乡村小规模学校发展现状、问题分析、对策建议等方面的研究文献综述，以提供标准制定的现实基础。

3. 开展调查研究

制定教育标准的过程除了整体框架和资料分析，还应就标准中的关键问题或难点问题进行进一步的调查研究，以为确定标准内容提供可靠的现实依据。例如，在研制"乡村小规模学校办学标准"时，我们要就小规模学校的定义、硬件资源内涵及标准、软件资源配置要求、课程设置、管理等情况进行调查，包括问卷调查和实地调研，一方面了解清楚现状及问题产生的根源、影响、解决办法等，另一方面也充分掌握一线校长、教师、行政管理人员对办学标准的认知和需求。另外，关于标准定位、制定原则及内容框架等，通过召开专家座谈研讨会得以进一步明确，这些都将作为办学标准研制的重要参考和依据。

4. 拟定制定标准工作方案

在调查研究基础上编制工作方案。工作方案一般包括下列内容：标准名称，适用范围；任务要点，任务来源，制定标准目的、意义和主要工作内容；国内外的相应标准及有关科研成果的简要说明；工作步骤及计划进度；参加工作单位及其分工；制定标准过程中可能出现的问题及解决措施；标准化技术效果预测；经费预算。

（三）编制教育标准草案

1. 确定编制标准原则，明确依据和特点

不同类型的教育标准因目标或内容的差异，编制原则也会有所不同。在研制教育标准之初，要斟酌提出编制原则、明确编制依据和标准基本特点。例如，在研制"中国财经素养教育标准"的过程中，工作小组根据财经素养

内涵和特征确定了三大编制原则，包括坚持经济生活与学生发展规律的统一；坚持传统与现代价值取向的融合；坚持个体与社会、国家经济活动的联系。明确标准具体内容研制依据，包括学生发展水平、学科知识要素、国家发展重点、社会经济现象、传统文化积淀和国际推进趋势，同时确定标准的基本特点，以"世界视野、中国特色"思想为指导，重视财经价值观的引导；突出个体与社会、国家的经济关联；彰显传统文化中的优秀的经济思想；强调劳动创造财富的态度；强调对制度、规则的理解与遵守。

2. 编制标准具体条文，形成标准草案

在遵循拟定原则的基础上，依照相关依据编制具体标准内容和条文。在编制过程中，根据内容框架的研制需求，可组建相关专业团队研制相关内容。例如，在研制"乡村小规模学校办学标准"的过程中，有一部分是关于教学仪器设备配备标准的研制。为了让标准能够适应我国不同发展水平地方的实际情况，我们委托了东部、中部、西部的六个地方各自组建团队开展研究。在研制过程中，各地由教育行政部门领导挂帅，由基础教育管理人员、电教馆或装备站人员、各学科教研员、学校各学科教师等联合组成研制小组，对学科教学装备、信息化装备及通用装备进行认真细致地研究，最后研制出具体内容和标准。不同领域的专业队伍团结协作，完成标准不同内容条文的撰写，最后整合形成标准草案。在提出标准草案的同时，还应提供标准编制说明及有关附件。

3. 对标准进行试行试用及达标测算，修订完善标准

标准草案出台后，为了进一步提升标准的科学性和可行性，要将标准内

容条文放到实践层面去试行试用，进一步对标准进行科学论证。部分量化指标的标准值要通过发展现状测算达标率，预测或判断标准的可达成性。此外，要选取代表性样本地区，针对标准条文中的原则及做法倡导，在最基层开展试用，以验证做法的可行性与成效。结合代表性样本地区的已有优势与工作基础，从点突破、点面结合，涵盖标准的所有维度。通过实践来检验和总结标准条文中做法建议的可行性、实践适用性及相关成效。针对标准中的相关要求，现在还没做到的，要求试用地区在试行和试用后提出细化实操方案；已经做到的，要对应相关要求提出完善建议。标准内容及要求的试行试用对标准的可行性和适用性提供了最为坚实的基础。

4. 召开审定标准草案研讨会

召开多轮专家意见征求会，多角度评价教育标准的研制质量。在教育标准试行试用之前，要邀请和召集不同层面和来源的专家、行政领导、教研人员、一线校长、教师等召开多个研讨会，征求对标准研制或修订的意见建议。在标准试行试用工作完成且修订完善教育标准草案后，要再次召开研讨会，征求专家对修订完善教育标准的建议。结合研讨会，标准编制小组将再次对教育标准进行集体讨论，确定是否采纳相关修改建议。之后，将研讨会所有建议分为三大类进行整理记录，包括采纳、部分采纳、不采纳，并分别注明理由或作出相关说明。

（四）报送教育标准草案

教育标准编制小组通过对标准草案多轮修订完善，最终形成教育标准草案的送审稿，包括教育标准草案、教育标准编制说明、教育标准研制工作报告等内容。要将这完整的一套材料上报相关部门，对标准规定的一致性、标准内容、标准编写方法等进行审查，可通过会审或函审的方式来开展。标准送审稿如果审查通过，则直接上报标准编制报批稿，包括批文、标准报批稿、标准编制说明、标准审定结论说明等系列文件。至此，教育标准编制的整个流程就完成了。

第三章　办学标准的研究趋势

随着教育标准化要求的提出，国家对义务教育学校标准化建设的政策要求，以及对学校办学标准的研究正在逐渐丰富和深入。

一、以教育标准体系建设现状为研究起点

教育要管、办、评分离。管教育的重点是要管标准，或者说要用标准对教育进行管理。在标准化的约束下，学校自主办学成为办学的主体。教育部发布的《关于完善教育标准化工作的指导意见》（教政法〔2018〕17 号）提出一个基本的教育标准框架体系，包括要"加快制定、修订各级各类学校设立标准、学校建设标准、教育装备标准、教育信息化标准、教师队伍建设标准、学校运行和管理标准、学科专业和课程标准等"。

教育作为服务行业之一，近年来日益得到标准化组织的重视。刘义光 ●认为，教育行业的标准化落后于工业、企业标准的发展，教育行业对于标准

● 刘义光．关于教育标准的思考 [J]. 中国远程教育 .2006（1）: 28-29.

化的认识需要逐步加强。重视教育标准化工作是实现教育现代化的重要基础。赵小红等 ❶ 就教育标准化改革中的若干基础性问题作了进一步梳理和澄清，包括教育标准的概念、范围与分类。杨润勇 ❷ 就我国教育标准化改革的背景、问题作了深入分析，并给出建议。他指出，当前我国教育标准化制定主体单一、过程无序；教育标准内容体系零散化，缺乏顶层设计；教育标准落实不力、教育标准监督不足等问题。他建议新形势下的教育标准化改革要在国家标准化战略中找准定位，在夯实基础、建立体系和创新机制等领域实施重点突破。中国教育科学研究院教育质量标准研究课题组 ❸ 在全面梳理国际经验和国内现状的基础上指出，制定教育质量国家标准、建立健全教育质量保障体系，是世界多国教育发展到较高水平的特征。教育质量标准可分为内容标准、评价标准和保障标准三个方面。国际上制定教育质量标准要遵循公平性、目标性、灵活性、清晰性和系统性原则。实施和评价教育质量标准包括行政主导、专业主导和专设机构三种基本模式，课题组由此提出我国制定教育质量国家标准的政策建议，即转变政府职能、关注学生个体发展、因地制宜、民主决策等。

　　教育标准化作为国家标准化工作的重要组成部分，越来越得到大家的关注。从标准化本身的研究开始，具体到教育领域，不论是对教育标准化本身的内涵的梳理和深入分析，还是对教育标准体系现状及未来的建设建议，甚

---

❶　赵小红，杨润勇 . 关于教育标准化改革中若干基础性问题的思考 [J]. 教育理论与实践，2020（1）：23-26.

❷　杨润勇 . 我国教育标准改革：背景、问题与建议 [J]. 教育理论与实践，2018（4）：17-20.

❸　中国教科院教育质量标准研究课题组 . 教育质量国家标准及其制定 [J]. 教育研究，2013（6）：5-16.

至是对某一维度，如教育质量标准体系建构的研究与分析，都是对"完善教育标准化工作"的贯彻落实。要先在宏观层面上对教育标准体系有清晰的认识之后，才能逐一分维度、分阶段地开展标准体系建立健全完善的工作。

二、厘清与分析办学标准研制的理论基础

为了推进义务教育阶段学校的均衡发展，确保义务教育公平，2006 年新修订的《中华人民共和国义务教育法》规定，"学校建设，应当符合国家规定的办学标准"；同年颁发的《中小学幼儿园安全管理办法》（中华人民共和国教育部令第 23 号）要求，"保证学校符合基本办学标准，保证学校围墙、校舍、场地、教学设施、教学用具、生活设施和饮用水源等办学条件符合国家安全质量标准"。2007 年公布的《国务院批转教育部国家教育事业发展"十一五"规划纲要的通知》（国发〔2007〕14 号）重申了"国家制订义务教育基本办学标准和质量标准"的紧迫性和重要性。

（一）明确办学标准的内涵与价值

只有明确办学标准是什么以及有什么功能，才能更好地去科学研制学校办学标准。学校办学标准是有关合格学校办学必须具备的各种物质条件和精神条件。办学标准总是承载和表达着特定目的和理念追求，具有明显的价值指向性。对于办学标准的概念界定，张新平[1]指出，相对于办学条件标准、

---

❶ 张新平. 关于基础教育阶段学校办学标准的若干思考 [J]. 教育研究，2010（6）：37-43.

校舍建设标准等，学校办学标准"更具整合性、包容性和规范性"。办学标准涉及的内容更加广泛，包含"硬件"和"软件"两方面的标准。"合格学校"的建设与发展是学校办学标准所关注的核心。学校办学标准可以划分为两个层次，即"作为技术工序的办学标准"和"作为行为规范的办学标准"。●

专业标准在教育治理过程中发挥着无可替代的重要作用。一方面，学校办学标准会对政府行为有所约束，政府有责任保障合格学校建设与发展所需的经费保障、质量督导等；另一方面，办学标准不仅规范了学校的底线达标要求，而且对其规范发展也提出了要求。正如张新平等研究所指出的，办学标准对学校办学行为的规范体现在激励学校因势利导、赋予学校社会压力和引导学校良善履职三个方面。● 另外，通过学校办学标准的设计，能够加强学校组织在人员物质条件、制度规范保障和精神文化引领三个方面的建设。●义务教育学校办学标准是划定底线，保障义务教育学校的规范发展、有序发展，并在此基础上鼓励学校层面的教育创新。●

（二）现有办学标准状况与特征

通过对我国义务教育学校建设标准历史进行梳理分析，高士晶等指出，标准的变迁过程呈现四个方面的共同特征：一是标准深受政治因素的制约；

---

❶　张新平，何晨玥.软法治理视角下的义务教育学校标准化建设 [J].教育研究，2017（11）：41-49.

❷　同 ❶.

❸　蔡怡.优质学校办学标准：优质学校建设的"刚"与"柔"——读张新平教授《义务教育优质学校办学标准研究》[J].中小学管理，2015（10）：55-56.

❹　魏峰.义务教育学校标准的制定：内涵、目标与方法论 [J].教育发展研究，2017（18）：15-21.

二是标准的出台滞后学校建设的需要；三是标准从城乡"双轨"逐步走向融合同一；四是标准具有鲜明的时代发展特征。[1] 通过对省级义务教育学校办学基本标准分析发现，在内容构成方面，办学标准一般由导向性内容与操作性内容构成，除了一般性内容，也有特色内容。从价值取向看，省级义务教育学校办学基本标准实现了从关注效率到注重公平，从注重受教育机会的保障到强调教育教学基本质量的保障，从单项性标准到全面性，从管理学校到建设学校的转变。[2] 从全球范围内学校的办学标准来看，公平、质量几乎是所有国家或组织促进学校改革发展的根本核心理念。从评价理念来看，普遍体现人本、公平与质量；从评价要点来看，全面关注学校发展的关键领域；从评价内容来看，重点是学校的优质发展、内涵发展；从评价特色来看，不同的办学标准都各有特点。[3]

（三）办学标准研制的相关问题

1. 学校办学标准制定的原则与方法

学校办学标准制定是一个系统的、动态的过程，也涉及科学性和专业性问题。具体的办学标准制定有赖各地教育行政部门的地方性探索，需要专业的学理性支撑。学校标准的制定事关教育发展大局，标准内容会决定一段时

---

[1] 高士晶，和学新．我国义务教育学校建设标准历史沿革与探析 [J]．当代教育论坛，2016（4）：8-17.

[2] 赵雄辉，汤宇婷．关于省级义务教育学校办学基本标准的思考 [J]．当代教育科学，2015（4）：14-16.

[3] 余奇，黄葳，鲍银霞．现代化学校图景：国内外办学标准比较的视角 [J]．外国中小学教育，2016（3）：28-32.

期内教育发展的方向和水平。而办学标准的制定也是一个系统性的工作，既要综合考虑教育与经济社会发展的整体情况，又要照顾各种发展水平地区的教育发展差异，以及各个利益主体的需求。这些方面都是科学制定办学标准的前提和基础。

制定办学标准的过程要遵循一定方法论操作的过程，既要具有国际视野，又要适合中国国情；不仅需要自上而下与自下而上的完美结合，而且需要多元主体的共同参与。此外，义务教育学校办学标准的制定需要配套政策的协同治理。❶

2. 学校办学标准的内容分析

办学标准内容能体现出学校规范发展的导向。就理想的办学标准而言，其核心指标通常涉及校舍建设、装备条件、公益经费、人员配备、教育教学、学校管理和校园文化建设等项目。张新平等指出，在制定学校办学标准时，一方面，要考虑到学校办学需要相应的物质条件作为基础，也需要独特的学校文化作为精神支撑；另一方面，要考虑到办好一所学校，主要涉及师资、经费、设施、教学及学校文化等因素。由此可见，可以相应地将"人、财、物、事、气"确定为办学标准的指标，即核心内容。❷

学校办学标准既要着眼学校的标准化建设，又要注重学校的现代化建设。实现教育现代化要求对学校办学标准具有引领与优化作用。中国香港"优质教育基金会"于 1999 年开始推行"优质学校"激励计划，制定了详细的优质

---

❶ 魏峰. 义务教育学校标准的制定：内涵、目标与方法论 [J]. 教育发展研究，2017（18）：15-21.

❷ 张新平. 关于基础教育阶段学校办学标准的若干思考 [J]. 教育研究，2010（6）：37-43.

学校办学评审准则和指标体系，包括管理及组织、教学及学习、校风及培育、学生表现等。中国台湾台北市在 2005 年颁布了《台北市优质学校评选暨奖励要点》，以"学校领导、行政管理、课程发展、教师教学、专业发展、校园营造、资源统整、学生学习、学校文化"九个维度作为优质学校办学标准评价指标。❶就全球范围来看，义务教育学校办学标准的制定是在重新定位学校的功能与目的；重建多元化、特色化、国际化的现代学校制度；实现学校与政府、市场和社会关系的重整；率先实现课程的改革；在谋求教育平等的基础上追求卓越等这些方面来重点考虑。尤其是在质量标准方面，反映全方位的教育价值观，特别强调教育应培养学生批判、独立的思维和终身学习的能力，鼓励创新和多元。❷

三、以学校标准化建设需求分析明确办学标准走向

《国家中长期教育改革和发展规划纲要（2010—2020 年）》明确提出"建立健全义务教育均衡发展保障机制，积极推进义务教育学校标准化建设"。2014 年，国务院提出了"推动各地制定义务教育阶段学校标准化的时间表、路线图"。积极推进义务教育学校标准化建设成为党和国家的重要任务，也是实现义务教育均衡发展的重要路径，是对教育公平和教育质量的努力追求。

---

❶ 程晋宽. 我国香港、台湾地区义务教育优质学校的办学标准 [J]. 教育视界，2015（3）：74-79.

❷ 程晋宽. 全球化背景下义务教育优质学校办学标准的新思维 [J]. 中国人民大学教育学刊，2014（3）：43-53.

（一）学校标准化建设的意义

推进义务教育学校标准化的最大意义是有利于实现义务教育的均衡发展。学校标准化建设能够为学校发展营造一个相对公平的环境，确保每所学校都能为每个受教育者提供相对均衡的硬件条件（校舍、教育教学设备、图书资源等）和软件条件（师资队伍、学校课程、文化氛围等）。确立一个相对统一和一致的学校办学标准体系，能够让每所学校都建设和发展成标准化学校，真正实现教育公平。学校标准化建设能够解决教育均衡发展的"瓶颈"问题，有利于缩小义务教育发展的地区差距、城乡差距，也有利于解决义务教育学校的校际差距。❶义务教育学校标准化建设是未来中国教育走向现代化的基础性工程，《中国教育现代化 2035》明确提出要"提升义务教育均衡化水平，建立学校标准化建设长效机制，推进城乡义务教育均衡发展"，全面推进义务教育学校标准化建设作为一项改变当前教育资源不均衡，以及区域、城乡、校际教育质量差异明显的基础性工程，更是中国教育现代化发展的战略性工程。❷

（二）学校标准化建设的现状与评析

义务教育学校标准化建设作为义务教育基本均衡发展的门槛和基础，随着义务教育基本均衡督导评估工作的推进，全国义务教育学校标准化建设取

---

❶ 刘冬冬，张新平，李想. 义务教育学校标准化建设研究：综述与反思 [J]. 辽宁教育，2018（4）：30-34.

❷ 程晋宽. 义务教育学校标准化建设：教育现代化建设的基础工程 [J]. 江苏教育，2019（82）：6-7.

得了阶段性的成果。从测算数据来看，义务教育学校办学条件得到大幅度改善，无论是在生均校舍面积、教学设施设备还是在信息化水平等方面都得到了大幅提升，城乡义务教育学校办学条件差距有所缩小。❶与此同时，义务教育学校标准化建设也存在重硬件、轻软件，偏规模、忽效益，多标准、少变通等问题。整体而言，义务教育学校标准化建设的重点和评估指标偏重办学硬件方面，对于校园文化、学习氛围、教学效果等软件条件的关注相对轻视和滞后。部分地方存在为完成任务而达标的标准化建设，只强调学校设备各方面达到省政府规定的规模标准，忽视校园设施和教学设备的使用效益。由于各省、区、市内各地区还存在差异，完全统一的标准不太能适应所有地区或学校的实际情况。面对不同地区、不同类型的学校，标准化建设还缺少足够的变通和弹性。

对义务教育学校标准化建设的研究也亟待深入。在研究内容上，主要集中在宏观层面，侧重倾向对学校标准化建设的内涵、价值、问题及策略等方面的研究。在研究类型上，重点关注了学校标准化建设的困境及解决策略等共性问题，但缺乏对特殊类型学校（如乡村小规模学校、民办学校等）的关注和深入研究，从教育之外的其他学科视角来研究学校标准化建设不多、不深入；关注政府在推进学校标准化建设过程中的主体作用多，但对社会或其他主体的作用发挥缺乏关注。在研究方法上，对学校标准化建设的实证研究相对较为缺乏。

---

❶ 李鹏，朱德全．义务教育学校标准化建设：进程、问题与反思——基于 2010—2014 年全国义务教育办学条件数据的测度分析 [J]. 清华大学教育研究，2016（1）：110-117.

（三）学校标准化建设的未来发展

学校标准化建设的持续推进需要科学合理的标准指标体系予以保证，必须从逻辑合理性、制度可行性和财政可行性出发，结合实际情况，在国家或省级层面构建一套合理的由低至高的学校标准体系和相应的评价体系。在中国各地区差异较大的情况下，各地应在遵循全国性标准的前提下，根据当地教育发展的实际情况，因地制宜地制定本地区具体而科学的标准体系。

学校标准化建设不是一个一蹴而就的过程，而是一个不断发展的动态过程。学校标准化建设具有很强的时代性，标准应适应时代和教育发展的要求，在建设与管理过程中，强化对标准的持续更新、追踪和持续优化，做好不同阶段对教育标准化指标的动态转移，不断丰富优化教育标准。

学校标准化建设要在全球化视野下立足本国国情与经验。标准体系既要向外看，研究、学习发达国家学校标准化建设的经验，不断明确、提升标准；同时，又要不断反思、调整评价和奖惩机制，对国际经验、全球趋势进行较为广泛深入的比较研究，为学校标准提供国际视野下的理论支持。此外，还要兼顾中国历史经验及教育发展情况，让学校标准更具适应性。

学校标准化建设要更好地满足教师和学生的发展需求，体现更多的科学性和专业性。这就需要更多地考虑教育发展规律、学生发展规律等，并以教育学、心理学等为依据来考虑学校办学的规范和要求。以学校校舍建筑为例，有专家说学校建筑应该是凝固的教育。学校建筑不仅是教学的空间，也是展示的空间、信息传递的空间，同时还是感情交流的空间。校园不仅提供活动空间，还应提供氛围，一种学生和教师在学习活动中建立起来的和谐氛围。

要更多地从学习空间设计角度来考虑，让学校的一砖一石都蕴含教育元素。随着信息技术的发展，教育面临着前所未有的挑战，教育理念不断更新，教学模式转向以学为主，强调学生的自主学习，提倡核心素养的培养，教学目标、课程内容、教学方式都在发生变革。因此，学校校舍和学习空间的设计也要以此为契机，开始突破以往标准化的形式，将学校转变为多样化的学习场所，充分考虑学生的心理诉求，注重校园的空间体验。

学校标准化建设更应该遵循绿色、共享、可持续等理念。对学校办学条件主体——校舍来说，它是学生们的学习空间和工具，更要坚持生态化理念和可持续原则。在学校校舍设计中贯穿生态化理念是未来学校办学必须考虑的创新发展方向。学校校舍的建造和使用要充分考虑自然资源的利用，尽可能降低建筑的能源消耗。应通过位置的选择、教室的朝向，有效利用自然界中的能源（如风能、光能、热能）来持续使用学校建筑，要建设"零排放"校园，保护环境，推进环保教育，走可持续发展之路"。此外，校园设计也要遵循弹性生长原则。校园不是建成物理空间就可以了，更重要的是设计要为校园空间和设施预留"弹性"，使其既可以与外部城市资源的结合，同时也对内部活动具有强大的包容性，这样最终才能真正随着时间的推移不断自我生长。

此外，校舍设计过程中要考虑到教学、生活和住宿等各种需求，并根据各种功能的不同进行相应地设计。在校舍使用功能设计上，应考虑到对不同年龄阶段的学生进行相应的空间设计。例如，在学校体育活动场地设计中，要考虑到中小学阶段学生身心发展的特点及体育运动能力；在体育建筑空间设计的过程中，要合理规划场地，体现出安全、活力的特点，为学生营造运动文化氛围，增强学生的体育运动体验。与此同时，在进行各类学校建筑创新过程中，要充分发挥各建筑功能的作用，促使学生养成各种优秀的学习品质，如在校舍中设置科技活动区、兴趣活动区等，使学生在课余时间能进行探索学习。未来的学校校舍和空间设计涉及建筑学、生态学、教育学、心理学和课程理论等多学科的综合，更多体现平等、个性、自主和灵活等新理念，以满足教育现代化的需求。

第四章 义务教育学校办学标准
发展历程分析

义务教育学校办学标准，很大程度上是一个历史问题。一方面，当前的义务教育学校办学标准是经由历史过程演变而来的；另一方面，我们对于义务教育学校办学标准的多维度、多层面的认识也是由历史发展过来的。制定办学标准是促进教育发展的重要治理手段之一，在任何时期开办学校、推进教育发展都需要标准。这不仅是管理学校办学行为的手段，而且能对学校办学予以有效指导。

一、不同时期社会背景下的学校办学标准变迁 ●

我们可以从清末时期开始回溯学校办学标准的历史。1904 年，清政府就如何设置、建设和管理学校等问题，学习日本的教育制度及其他国家的教育思想，形成了当时中小学校办学的基本标准。

● 此部分历史的相关内容参考了张新平等著的《义务教育优质学校办学标准研究》中第三章的相关素材。

民国时期，民国政府教育部通过颁布系列文件，包括条例、纲要、要则、法、标准和规则等，对于初等小学校的校址、校舍建筑、设施设备、人员和经费等作了相应的规定，提出了相关要求。

1985 年出台的《中华人民共和国义务教育法》，提出实施九年制义务教育的目标，办学标准问题也被提上日程。义务教育学校办学标准建设工作得到不断加强，国家制定了一系列政策文件，对义务教育学校的校址、校舍、设备、教师和经费等问题进行了较为全面和细致的规定。

（一）义务教育学校办学标准核心要素保持稳定

从不同历史时期的学校办学标准的内容可以看出，涉及学校教育教学的核心要素保持了稳定性和一致性。不同时期对各要素的具体规定有共性，更有时代性。

学校选址是不同时期办学标准所关注的首要问题。正如民国时期对于学校选址的规定，要求校址选择要合乎道德的涵养、合乎卫生的养护、合乎教学的便利、合乎将来的扩充，这是四条一般性的原则，在其他时期也均不同程度地提到了这些原则的内容。以"就近入学"为例，清政府的《奏定初等小学堂章程》和《奏定各学堂管理通则》中规定：学堂位置宜取往来始终之处，以便学生入学和父母照料。每百家以上之村应设一所初等小学堂，以令附近半里之内之儿童入学读书；唯偏僻乡贫户，儿童数量不足，方可命数乡村联合资办，公设一所。民国时期《国民学校暂行设备标准》规定，国民学校要"在乡（镇）保适中地点，以便四周学生上学"。改革开放后，1986

年颁布的《中小学校建筑设计规范》(计标〔1986〕2618号)规定"中学服务半径不宜大于1000米;小学服务半径不宜大于500米。走读小学生不应跨过城镇干道、公路及铁路"。2002年颁布了《城市普通中小学校校舍建筑标准》(建标102—2002),该标准提出学校网点布局的三个原则,其中一个就是"学生能就近走读入学"。

校舍建筑是学校的基本办学条件,对于校舍建筑的功能及分区、不同功能教室的数量及面积、建筑标准等内容的规定在不同时期都有提及。不同时期办学标准的校舍建筑这部分内容均考虑了教育性、技术性双重标准,既要符合建筑的通识性的安全、通风和采光等标准,又要应教与学的需要作出相应规定。清末时期,由于新式教育的实施基础相对薄弱,在办学标准中"校舍建筑"部分规定强制性不足,留有很大的弹性。例如,"各房屋的建造必须以质朴为主要原则,断不可为求美观,使物力难以筹措,妨碍教育推行。屋里建造的,可以借用公所、寺观……只要能够保证讲堂明亮,容纳尽可能多的人,其他的都可以迁就"。民国时期,1942年国民政府颁布的《中心学校初步设备标准》和《国民学校初步设备标准》,区分新建校舍和旧屋改造,对校舍建筑作出相关规定。之后,1944年的《国民学校暂行设备标准》对校舍面积、建筑材料、校舍方向、校舍及校地分配、教室建筑、礼堂和厕所等作出了相关规定。在民国时期研究校舍建筑的专家学者李清悚看来,校舍建筑要集中关注校舍设计、采光、保温与通气三大问题,尤其是校舍设计方面要兼顾教育上的设计和工程上的设计。

设施和设备是仅次于校舍的重要办学条件。自清末时期到近期的办学标准都提到了设施和设备,且具有明显的时代特点。清末时期的办学标准对学校设施和设备规定了体操场、讲台、坐凳、近视设备、教学用具和簿籍等的配备。民国时期，1915 年公布的《国民学校令》没有在设施设备方面作出具体规定。具体细则由"县知事依照教育总旨所规定之程式之"。当时的社会专业团体、地方对于设备标准作了底线规定，如 1925 年中华基督教教育会制定的《小学校设备标准》、江苏的《乡村小学设备标准》等，就学所设施设备的规格、数量（分为 30 人、60 人两档）进行的规定。南京、福建等地颁布了相关设施设备标准。1942 年，颁布了《国民学校初步设备标准》《中心学校初步设备标准》。1944 年，颁布了《国民学校暂行设备标准》，不仅列出了设备名目，而且对相关设备的数量、来源及具体规格和要求都作出了说明。1978 年后，国家颁布了系列的设备标准，包括中学理科教学、小学数学自然教学、课桌椅、体育器材、音乐和美术教学器材等配备标准。

（二）义务教育学校办学标准要兼顾教育性和技术性

办学标准既是一个技术问题，也是一个教育问题。不同历史时期对办学标准核心要素的具体内容的规定会有差异，但不论是哪个时期的办学标准，其内容的规定都将技术性与教育性较好地结合在一起。

就校舍设计而言，我们既要从地质学、建筑学、卫生学、光学、经济学等学科和专业视角来考虑办学标准的制定，又要兼顾教育教学的发生规律、学习科学及学生的健康成长需求。建筑、卫生或经济学视角之外更应该关注教育。我们的校舍不再是冰冷的建筑，而是学生学习的空间、师生温馨的家园，应更好地服务教育教学活动的开展和学生的成长。例如，民国时期校舍建筑专家李清悚就指出，校舍设计首先是教育上的设计，其次是工程上的设计。教育上的设计是要合乎教育教学的要求，能够提高教学效率。因此，校舍功能分配也成为教育设计上最重要的问题。

（三）义务教育学校办学标准理想制定与现实执行的平衡

无论是清末、民国时期，还是中华人民共和国成立和改革开放之后，国家制定或出台的学校办学标准都是作为一种办学方向及行为的引领，是从教育教学活动和学生成长的需求出发，在一定时代背景下对学校办学条件保障包括校舍、设备、人员和经费等方面作出了定性和定量的要求。虽然当时的办学标准确定了，但作为所要追求的方向，却没有百分之百地达成。与此同时，我们从历史分析也可以看出，标准的强制性约束力并没有完全发挥作用。受现实条件的限制，清末时期初等小学堂实际的办学标准，并未达到当时办学标准的相关要求；在师资配备方面，尽管标准中有提及，但鉴于当时的实际情况，不得不提出"所有各府县私塾蒙师，亟宜大加甄别，以图改良"。民国时期，尽管在先进性方面借鉴了当时国外的校舍标准，确实具有引领性，但为了更好地贴近中国的实际情况，相关学者和学校提出了适合当下经济情形的最低限度的校舍标准。部分地方也从经济适用的角度考虑了建设的可能性和可行性，并针对设施设备标准，提出"经费宜力求撙节，材料须力求简朴"，在强调标准引领性的同时考虑现实可能性。中华人民共和国成立和改革开放后出台的学校校舍建筑标准，从实际基础出发，先后制定和颁布了农村和城市两套标准，对应适合农村和城市中小学校当时的基础，以具备达成的可能性，但因此也导致城乡学校标准的客观差异性。

二、影响办学标准制定的因素分析

办学标准制定成什么样，受到诸多因素的影响，包括社会经济、政治、文化和教育制度等，这些都是专家或教育决策部门在制定学校办学标准的过程中需要考虑的重要关键因素。必须从逻辑合理性、制度可行性、财政可能性出发，结合实际情况来构建合理的学校办学标准。

（一）社会经济发展条件决定办学标准的底线标准设定和执行力度

清末我国才开启实施新式教育和现代化学校教育，如何设置、建设和管理学校，成为摆在晚清政府面前的首要问题。基础薄弱怎么办？那就先学习和借鉴。当时的学者和专家重点学习了日本的教育制度及其他国家的相关标准等。但受当时现实条件的限制，清末时期初等小学堂实际的办学标准并未达到政策文件中的要求，更不要说理想中的优质初等小学堂的办学标准了。由此可见，清末时期办学标准的制定过于理想化，并没有考虑当时社会经济发展条件及教育发展基础。标准是制定出来了，但在校舍、师资和经费等方面并未切实执行。

民国时期，尽管当时我国在研制学校办学标准过程中也借鉴了美国、日本等国家的校舍标准，但为了更好地贴近当时中国的实际情况，相关学者和学校提出了与日本和美国的较高标准相符的最低限度的校舍标准。日本和美国当时所提的标准在江苏等地也可以达标，但中国各地差异太大，要在全国达成这些标准存在困难。20世纪初期，由于当时中国正处于寻求出路之际，在 1915 年的《国民学校令》中并没有在设施和设备上作出具体规定,只是要求国民学校应设置校具,并"不得作为他用"。即便是当时的发达省份,如江苏,基于经济状况,也只是制定单级小学校 60 人最低限度应备品的《乡村小学设备标准》。而关于学校经费方面,当时的规定是国民学校的经费完全由自筹为主。关于学校经费管理的规定是要求将学校每年的节存设置学校基金,但由于受社会经济与政治环境的影响,学校经费无法保障,因此学校节存也根本无从谈起,这一规定只能成为一个良好愿望。

中华人民共和国成立后,尤其是改革开放后,尽管国家对学校图书配备的数量做了基本的规定,但各地在制定省标时还是会根据各省经济发展水平对生均图书册数作出较国家基本规定更低的要求,以作为达成国家标准的过渡。另外,基于城市、农村不同的经济基础和发展状况,国家制定了城乡两套学校建设标准,而且每套标准里又分为"基本""规划",即近期和远期两个层次的要求。在设备标准方面,也确定了分级和分类的要求,而对于农村中小学校而言,执行过程中往往以最低限度的标准为参照。这样的标准制定也是考虑了当时国家的经济发展条件及学校基础。当然,不同省份也会在整体标准下因地形环境、学校规模等情况分级分类确定校舍、设备和教师等条件的配备标准。

(二)学校办学的基本价值取向决定办学标准的设定

"安全"是不同历史时期学校办学的首要取向。因此,在办学标准制定过程中,对于校舍的相关规定就要强调校舍在工程上的设计要坚固和耐用,尤其是建筑材料的选择。民国时期，国民政府颁布的《国民学校暂行设备标准》中对于校舍建筑材料作出统一规定，学校房屋大多用瓦顶砖墙为宜，不仅坚实永久，而且美观整洁。中华人民共和国成立后的《农村普通中小学校建设标准》（建标〔2008〕159号）中总则第四条就明确了"安全"原则：农村普通中小学校的建设必须确保师生安全。在抗御重大意外灾害时，学校可作为周边地区的紧急避难疏散场所。遵循这条原则，标准在校舍建筑结构、建筑材料等方面作出了具体规定。而就"安全"而言，具有两个层面的意思：一是校舍建筑的质量要达到安全标准；二是校舍设计要考虑涉及学生校内安全的所有方面，如交通与疏散的设计。

"卫生"也是学校办学的重要取向。在不同历史时期的学校办学标准中，教室采光照明等涉及学生健康成长的条件要求和标准也是重要内容。民国时期的《国民学校暂行设备标准》中规定：校舍方向以朝南或朝东南为宜，因朝南房屋日光充足、气候干燥。教室均应南北采光，绝对避免东西方向。中华人民共和国成立后出台的中小学校建筑设计规范规定"各类建筑物保证自然通风、满足日照，注意相互间的距离"。

"绿色""生态""可持续"也是学校校园建设的重要原则。清末时期有关初等小学堂办学标准的规定中要求，学堂周围宜多植树木，以落叶树和常绿树交互栽植。中华人民共和国成立后，1986年颁布的《中小学校建筑设计规范》（计标〔1986〕2618号）中明确规定学校用地应包括建筑用地、总平面布局、运动场地和绿化用地。此外，从未来走向来看，绿色、节能与环保的生态校园与可持续发展理念一致，在建筑设计时就要考虑绿色、节能等环保因素，做到对环境资源充分利用。

（三）对学校办学的内涵理解影响办学标准的内容构成

在办学标准制定过程中，首先要遴选核心要素和维度，而核心要素的确定背后则是我们对学校办学内涵的理解。从前面不同历史时期办学标准的分析可以看出，办学标准的核心要素还是保持稳定不变的，即保障学校办学的基本条件，包括人、财、物。

由于背景不同，办学标准在不同时期又被赋予了不同的时代内涵。办学标准具有时代性，以解决不同时代学校办学的核心问题。清末时期开启新式教育，办学标准就是要解决基本的办学问题，并将其作为当时中小学校办学的基本标准。民国时期的办学标准反映了当时的教育科学和民主思潮。中华人民共和国成立后，《中华人民共和国义务教育法》的出台再次明确了办好义务教育的保障条件，国家从校舍、设施设备、教师和经费等多方面"出击"，出台不同的专门标准。在一定程度上，分城乡、分级分类设定差异化标准。进入 21 世纪后，为了促进义务教育均衡发展，国家提出推进义务教育学校标准化建设。与此同时，2016 年出台的《国务院关于统筹推进县域内城乡义务教育一体化改革发展的若干意见》（国发〔2016〕40 号）提出：当前，我国已进入全面建成小康社会决胜阶段，正处于新型城镇化深入发展的关键时期，对整体提升义务教育办学条件和教育质量提出了新要求。加快推进县域内城乡义务教育学校建设标准统一、教师编制标准统一、生均公用经费基准定额统一、基本装备配置标准统一，基本消除城乡二元结构壁垒。

在面向未来全球化的背景下，办学标准研制要更多关注学校内涵提升和质量提高。应借鉴世界各国和国际组织关于优质学校的办学模式和经验，尤其是在办学目的、学校制度、教育方式、教育内容等方面新的思考，办学标准的核心要素与内容也体现出相应的基本特征。这些特征主要表现为追求高质量和高效能的办学方向、建立自治和问责的办学机制、强调教师的专业发展、促进个性化学习等。办学标准的内容也由之前的人、财、物加以扩充。有专家表示，学校办学标准所涉及的内容更加广泛，不仅包含传统概念所蕴含的各种物质条件等方面的"硬件"标准，而且也包含办学治校不可缺少的各种思想文化制度等方面的"软件"标准。综合来看，其核心指标通常涉及校舍建设、装备条件、公用经费、人员配备、教育教学、学校管理和校园文化建设等。

第五章 现行义务教育学校办学标准评价

在教育标准研制过程中，制定可行性工作方案要求收集好关于标准化对象的已有相关标准或政策文件。我国在基础教育阶段出台的标准相对较多，其中对于义务教育阶段学校更是从学校建设、学校办学、课程教学、教师、管理和经费等各方面出台了相关标准，提出了具体的规范和要求。

《国家教育中长期改革与发展纲要 2010—2020 年》提出"建立健全义务教育均衡发展保障机制，推进义务教育学校标准化建设，均衡配置教室、设备、图书和校舍等资源"。出台标准成为推进义务教育的基础性工作。2014 年作为冲刺中国教育的"标准年"，制定或完善了二十多项教育标准，以构建完善的国家教育基本标准。本章将从最基本的办学标准入手，全面梳理和比较分析国家及各省办学标准的现状。

一、国家标准体系不断建立、健全

自 2001 年起，教育部及相关部委共发布了三十多份标准文件，从学校建设和办学的角度提出校园校舍建设标准、仪器设备配备标准、图书配备标准、实验室配备标准、教室配备标准等。

（一）呈现城乡二元的校园校舍建设标准

义务教育校舍建设标准是学校选址、设计、施工和装修的基本依据，也是对学校建设进行评价、管理和维护的根据。要创造适合青少年德、智、体等方面全面发展的办学条件与育人环境，必须有一个科学、合理的学校建设标准，使学校的规划设计、建设和管理有章可循。

《城市普通中小学校校舍建设标准》（建标〔2002〕102号）、《农村普通中小学校建设标准》（建标〔2008〕159号）（对建标〔1996〕640号的修订）、《中小学校设计规范》（GB 50099—2011）、《中小学校教室采光和照明卫生标准》（GB 7793—2010）等一系列文件对学校建设规模与校舍用房的组成、学校网点布局、选址与校园规划设计、建设用地指标、校舍建筑面积指标、校舍主要建筑标准、室内环境及其采光照明等作出了规范和要求。

《中小学校设计规范》（GB 50099—2011）作为国家标准，适用于中小学校（含非完全小学）的新建、改建和扩建项目的规划和工程设计。所有中小学校的设计都应符合以下原则：一是满足教学功能要求；二是有益于学生身心健康成长；三是校园本质安全，师生在校内全过程安全，校园具备国家规定的防灾避难能力；四是坚持以人为本、精心设计、科技创新和可持续发展的目标，满足环保、节地、节能、节水和节材的基本方针，并满足有利于节约建设投资、降低运行成本的原则。城市建标、农村建标两大建设标准已然成为各省制定办学标准的重要参考，而《中小学校设计规范》（GB 50099—2011）基于两大建标增加了建筑设计规范的诸多要求，也成为推进学校标准化建设的重要依据。

而城市建标、农村建标则以建设部的行业标准形式颁布，分别从学校选址、校园规划、用地面积、校舍功能室设置与面积等方面作出规定和要求（表5-1、表5-2、表5-3）。

表 5-1　我国农村和城市中小学建设标准对比（以 12 班规模为例）

分类	农村标准				城市标准	
	1996 年		2008 年		2002 年	
	小学	初级中学	小学	初级中学	小学	初级中学
生均校舍面积	≥4.34 ㎡	≥6.01 ㎡	≥6.35 ㎡	≥7.8 ㎡	≥6.8 ㎡	≥7.9 ㎡
教室面积	> 52 ㎡	> 56 ㎡	> 54 ㎡	> 61 ㎡	> 61 ㎡	> 67 ㎡
图书室	71 ㎡	96 ㎡	121 ㎡	155 ㎡	120 ㎡	181 ㎡
建筑层高	3.3~3.6mm	3.6~3.9mm	≥3600mm	≥3900mm	≥3600mm	≥3800mm
建筑层数	≤3 层	≤4 层	≤3 层	≤4 层	≤4 层	≤5 层
跑道	200 米环形跑道	200 米环形跑道	200 米环形跑道	200 米环形跑道	200 米环形跑道 *	250~400 米环形跑道 *
生均绿化面积	≥1.5	≥2	6 ㎡	6 ㎡	1 ㎡ *	0.5 ㎡ *
照明标准	150lx	150lx	参照《建筑照明设计标准》	150lx	150lx	
抗震系数	无具体要求	无具体要求	明确规定为乙类	无相关规定		
生均用地面积	22 ㎡	26 ㎡	29 ㎡	30 ㎡	无相关规定	

* 文件中未直接规定，参考《中小学校建筑设计规范》

表 5-2　农村和城市小学教学及教学辅助用房基本指标

单位：m²

分类	农村（2008 年）		城市（2002 年）	
	间数	使用面积小计	间数	使用面积小计
普通教室（含机动教室）	13	702	12	732
音乐教室	1	80	1	73
音乐准备室	1	25	1	23
图书室	1	121		170
体育器材室	1	39		670
计算机教室	1	80	1	86
计算机准备室	1	25	1	23
科学教室	1	80	2	36
科学准备室	1	39		
多功能教室（兼多媒体教室）	1	107		130
多功能准备室（电教器材）	1	25	1	23
远程教育教室	1	39		
美术教室			1	86
美术教具室			1	23
书法教室			1	86
语言教室			1	86
语言资料室			1	23
劳动教室			1	86
劳动教具室			1	23
心理咨询室			1	18

表 5-3　农村和城市初级中学教学及教学辅助用房基本指标

单位：m²

分类	农村（2008年）		城市（2002年）	
	间数	使用面积小计	间数	使用面积小计
普通教室（含机动教室）	13	793	12	804
音乐教室	1	93	1	73
音乐准备室	1	30	1	23
实验室	3	279	2	192
仪器准备室	3	135	4	92
美术教室（艺术教室）	1	93		
美术准备室	1	30		
计算机教室	1	93	1	96
计算机准备室	1	30	1	23
图书室		155		181
技术教室		93	1	96
劳动教具室			1	23
体育器材室	1	50		63
多媒体教室	1	93		
多功能教室	1	124		
多功能准备室（电教器材）	1	30		
远程教育教室	1	45		
语言教室			1	96
语言资料室			1	23
合班教室				110
电教器材室			1	23

从以上表格可以看出，农村学校建设标准部分指标要求低于城市学校建设标准，甚至缺失。例如，城市中小学的生均校舍面积、教室面积要求均高

于农村标准。同时，城市学校的图书室、体育器材室、计算机教室、多功能教室的要求高于农村学校的建设标准。而美术教室、书法教室、语言教室和心理咨询室等多功能教室，农村学校建设标准则缺失。

由于城乡发展状况的现实差距，城市学校建设标准在某些指标上也低于农村学校建设标准，如生均绿化用地，城市小学才要求 $1 \text{ m}^2/$ 生，初中是 $0.5 \text{ m}^2/$ 生，而农村建设标准中则都是 $6 \text{ m}^2/$ 生。农村学校建设标准中，明确提出"在抗御重大意外灾害时，学校可作为周边地区的紧急避难疏散场所"，并规定抗震等级要求达到乙类标准，而在城市学校建设中则没有相关规定。

（二）逐步完善教学仪器设备配备标准

制定中小学教育仪器设备标准是推进教育均衡发展的重要保障，更是教育现代化的基础性工程和内在要求。改革开放以来，我国已经基本形成了覆盖义务教育国家课程的标准明确且基本完备的义务教育学校教学仪器设备（表5-4），有力推进了我国义务教育的均衡发展，也加快了我国教育技术装备现代化建设步伐。但现实中，我国中小学校教学仪器设备仍存在达标率较低、标准的适用范围需要拓展等问题。

表5-4 义务教育学校教学设备标准

标准名称	行业标准号
《中小学理科实验室装备规范》	JY/T0385—2006
《初中理科教学仪器配备标准》	JY/T0386—2006
《小学数学科学教学仪器配备标准》	JY/T0388—2006
《初中科学教学仪器配备标准》	JYT0387—2006

续表

标准名称	行业标准号
《小学、中学体育器材设施配备目录》	教体艺厅〔2002〕11 号印发
《中小学体育器材和场地国家标准》	GB/T　19851—2005
《国家学校体育卫生条件试行基本标准》	教体艺〔2008〕5 号
《九年义务教育阶段学校音乐、美术教学器材配备目录》	教体艺厅〔2002〕17 号
《小学音乐教学器材配备标准》	JY/T 0468—2015
《初中音乐教学器材配备标准》	JY/T 0469—2015
《小学美术教学器材配备标准》	JY/T 0470—2015
《初中美术教学器材配备标准》	JY/T 0471—2015

1. 明确教学仪器配备标准

《教学仪器设备产品一般质量要求》（2003 年）、《小学数学科学教学仪器配备标准》（JY/T 0388—2006）、《初中科学教学仪器配备标准》（JY/T 0387—2006）和《初中理科教学仪器配备标准》（JY/T 0386—2006）、《中小学理科实验室装备规范》（JY/T 0385—2006）等教育行业标准，对中小学教学仪器设备产品的性能、安全、结构和外观，以及教学仪器设备配备的种类和数量等进行了规范，以加强对中小学实验室建设和理科教学仪器配备的管理与指导。作为地方教育行政部门和普通教育中小学数学科学教学仪器配备和使用的指南，标准设定了"基本"和"选配"两个层面的配备标准。

2. 对音、体、美教学器材设施配备提出要求

《教育部关于发布〈小学音乐教学器材标准〉等四个教育行业标准的通知》（教体艺〔2016〕2 号），《小学音乐教学器材配备标准》（JY/T 0468—2015）、

《小学美术教学器材配备标准》（JY/T 0470—2015），是由教育部印发的行业标准，是针对全日制小学的音乐、美术教学提出的器材配备的基本和选配方案。

《中学体育器材设施配备目录》《小学体育器材设施配备目录》（教体艺〔2002〕11 号）、《九年义务教育阶段学校音乐、美术教学器材配备目录》（教体艺〔2002〕17 号）等文件对中小学体育、音乐和美术教学器材配备的名称和数量作出规定。而《中小学体育器材和场地》（GB/T 19851—2005）、《关于贯彻执行〈中小学体育器材和场地〉国家标准有关问题的通知》（教体艺厅〔2005〕7 号）规定全国小学、初中学校体育器材、场地的标准，并要求按照标准进行购置、配备和建设。《国家学校体育卫生条件试行基本标准》（教体艺〔2008〕5 号），从体育教室、体育场地器材、教学卫生、生活设施、卫生保健室配备及学生健康体检等方面，明确了中小学校办学应达到的最基本标准。

3. 规定义务教育学校信息化配备标准

20 世纪 90 年代以来，我国已采取一系列教育政策推动义务教育中小学信息化的发展。1992 年，原国家教委颁布《关于加强中小学计算机教育的几点意见》（教基〔1992〕22 号），1999 年教育部颁布《关于进一步加强中小学教育技术装备工作的意见》（教基〔1999〕11 号），2000 年教育部颁发《关于在中小学普及信息技术教育的通知》（教基〔2000〕33 号）《关于在中小学实施"校校通"工程的通知》（教基〔2000〕34 号），提出从 2001 年开始用 5~10 年的时间，在中小学普及信息技术教育，实施"校校通"工程。尽管以上这些政策文件为中小学教育信息化的发展提供了指导性意见，但目前还缺少具体可操作性的实施规范，以及一整套全面、量化的信息化标准体系。为适应国家推进教育数字化转型战略的要求，着力推动智慧校园建设成为重要基础和前提，因此要完善义务教育学校信息化标准体系的建设，更好地引导和发展智慧教育。

我国20世纪90年代制定的关于中小学校计算机配备标准主要以学校为单位（"校机比"）限定最低计算机配备标准（表5-5），并不能准确衡量每个学生对计算机的使用率。国际上大多数发达国家普遍都将"平均每多少名学生拥有一台计算机"（简称"生机比"）作为衡量教育信息化水平的重要指标。进入21世纪以来，虽然我国也逐渐开始采用"生机比"指标进行统计，但至今尚未确立全国中小学关于"生机比"的标准值。

表5-5 我国20世纪90年代中小学计算机配备标准

时间	小学/（台/校）	初中/（台/校）
1992 年	12+（6）	45+（5）
1996 年	15	20

注：1992 年的标准详见《中小学校及中等师范学校电化教育设备配备标准》；1996 年的标准详见《中小学计算机教育五年发展纲要（1996—2000 年）》（教基〔1996〕27 号）。

4. 确定义务教育学校图书配备标准

义务教育学校的图书标准是义务教育办学标准的一个重要组成部分。改革开放以来，我国义务教育阶段的图书标准逐步开始恢复和重建。1981年，教育部转发了《天津市中小学图书馆（室）暂行工作条例》（津教委〔2010〕151 号），这是中华人民共和国成立后经教育部批准转发的第一个中小学图书馆（室）工作的章程性文件。从 1981 年到 1987 年，重庆、天津、上海、南京、延吉、四川、浙江、哈尔滨和湖州等地先后制定了中小学图书馆条例（草案、试行）。1989 年，国家教委颁发了《关于中小学图书馆工作若干意见》。这些文件对中小学图书标准都提出了一些具体的要求。

1991 年，国家教委颁布了《中小学图书馆（室）规程》（教基〔2003〕5 号），其附件中包括图书馆（室）藏书量及藏书分类比例表，对中小学校图书标准作出了规定。该规程在 2003 年经过了重新修订，是目前我国义务教育阶段学校图书标准最主要的政策依据。

我国国家和地方的义务教育学校图书标准均是以生均藏书量进行规定的（表 5-6），义务教育阶段的生均图书标准并没有规定校藏图书标准。这样的单一标准使一些生源较少的学校藏书相对匮乏。另外，现实状况是很多中小学校尽管藏书量已经达标，但质量不高。从满足学生学习需求的角度出发，对于中小学校来说，在图书馆藏书达标标准上，不仅要强调数量标准，而且要重视质量标准，这样才能切实促进义务教育教学质量的提高。因此，我国需要在原有义务教育学校图书生均标准的基础上，增加校藏图书的基数标准。这样才能保障生源极少学校的学生也能够得到较为充足的图书资源，促进义务教育办学均衡化发展。

表 5-6　中小学图书馆（室）藏书量标准

项目分类	完全中学		高级中学		初级中学		小学	
	1类	2类	1类	2类	1类	2类	1类	2类
人均藏书量（册数）（按在校学生数）	45	30	50	35	40	25	30	15
报刊种类	120	100	120	100	80	60	60	40
工具书、教学参考书种类	250	200	250	200	180	120	120	80

（三）用课程与教学的相关标准夯实教育质量

关于课程与教学的标准是教育质量最核心的内容，包括课程设置、课时总数及各门课程课时比例分配。与此同时，通过各学科课程标准进一步厘清教育教学理念，达成培养目标共识，并明确课堂教学的规范和要求。

继 2001 年《教育部关于印发〈义务教育课程设置实验方案〉的通知》（教基〔2001〕28 号）之后，2022 年教育部印发《教育部关于印发义务教育课程方案和课程标准（2022 年版）的通知》（教材〔2022〕2 号）发布。与之前的方案相比，本版方案完善了培养目标、优化了课程设置、细化了实施要求。在保持义务教育阶段九年 9522 总课时数不变的基础上，调整优化课程设置。课程方案将小学原品德与生活、品德与社会和初中原思想品德整合为"道德与法治"，进行一体化设计。改革艺术课程设置，一至七年级以音乐、美术为主线，融入舞蹈、戏剧和影视等内容。八至九年级分项开设。将劳动、信息科技从综合实践活动课程中独立出来。科学、综合实践活动起始年级提前至一年级。同时，课程方案明确了省级教育行政部门和学校课程实施职责、制度规范，以及教学改革方向和评价改革重点，对培训、教科研提出具体要求；健全实施机制，强化监测与督导要求。

课程方案将课程分为国家课程、地方课程、校本课程三大类别，地方课程由省级教育行政部门规划设置，校本课程由学校按规定设置。在三大类别课程及具体科目的课时安排上留足了弹性。课程方案要求省级教育行政部门在保证九年总时长不增加的情况下，明确各科目在各学段的周课时上下限，体现学段差异。学校在保证周总时长不变的情况下，确定各科目周课时数，自主确定每节课的具体时长。课程方案对有关科目的教学时间提出了下限要求，如书法在三至六年级语文中每周安排1课时；劳动、综合实践活动每周均不少于1课时；班团队活动原则上每周不少于1课时；地方课程不超过九年总课时的3%；劳动、综合实践活动、班团队活动、地方课程与校本课程课时可统筹使用，可分散安排，也可集中安排。

2001年，国家启动了基础教育课程改革。经过十多年的实践探索，课程改革取得显著成效，构建了有中国特色、反映时代精神、体现素质教育理念的基础教育课程体系，各学科课程标准得到了中小学教师的广泛认同。但与此同时，在课程标准执行过程中也发现了一些标准的内容、要求有待调整和完善。为贯彻落实《国家中长期教育改革和发展规划纲要（2010—2020年）》，适应新时期全面实施素质教育的要求，深化基础教育课程改革，提高教育质量，教育部组织专家对义务教育各学科课程标准进行了修订。《教育部关于印发义务教育语文等学科课程标准（2011年版）的通知》（教基二〔2011〕9号）将各学科标准作为深入推进教学改革、评价考试制度改革、课程资源建设的重要依据和参考。

2014年，教育部发布《关于全面深化课程改革落实立德树人根本任务的意见》（教基二〔2014〕4号），指出要加强课程实施管理。各地和学校要全面落实基础教育国家课程方案，要将综合实践活动、技术、音乐、美术和体育等课程开设情况作为考核学校工作的重要内容。各地要做好地方课程和学校课程的规范管理和分类指导，进一步落实学校在教学进度安排、教学方式运用和教学评价实施等方面的自主权。

2017年，教育部印发《义务教育小学科学课程标准》的通知（教基二

〔2017〕2号），将小学科学课程起始年级调整为一年级。按照小学一、二年级每周不少于1课时安排课程，三至六年级的课时数保持不变，突出强化教学实践环节。要结合实际合理配置小学科学教师，逐步建立专兼职结合的教研人员队伍；要加大经费投入，保证实验室建设、仪器设施设备和耗材等需要；要优化课程资源建设，重视发挥家庭、社区、校外青少年活动基地的作用，为保障课程实施创造有利条件；要加强课程实施的监测和督导，建立小学科学课程管理的反馈和改进机制，保证课程的全面落实。

2017年，教育部办公厅印发《关于2017年义务教育道德与法治、语文、历史和小学科学教学用书有关事项的通知》（教材厅函〔2017〕6号），教育部组织编写了义务教育道德与法治、语文和历史教材（以下简称统编教材），义务教育一、二年级品德与生活和七、八年级思想品德教材名称统一更改为"道德与法治"。自2017年，全国小学、初中初始年级开始统一使用道德与法治、语文和历史三科的统编教材。

教育部印发《中小学综合实践活动课程指导纲要》的通知（教材〔2017〕4号），进一步明确了综合实践活动课程的实施，包括课时安排、实施机构与人员等。该文件强化了新型课程形态的建构，要求通过探究、服务、制作和体验等方式进行学习，综合运用各学科知识分析、解决现实问题，尊重学生的自主选择与创造，为中小学综合实践活动课程的开设和实施提供了重要依据和指导。2020年7月，教育部印发《大中小学劳动教育指导纲要（试行）》（教材〔2020〕4号），面向学校，对劳动教育的目标内容作了细化和具体化：一是明确劳动教育目标框架；二是明确三类劳动教育（日常生活劳动教育、生产劳动教育、服务性劳动教育）的育人价值定位；三是明确小学、初中、普通高中、职业院校、普通高等学校劳动教育主要内容和三类劳动教育的具体要求。随着义务教育全面普及，教育需求从"有学上"转向"上好学"，必须进一步明确"培养什么人、怎样培养人、为谁培养人"，优化学校育人蓝图。当今世界科技进步日新月异，网络新媒体迅速普及，人们生活、学习、工作方式不断改变，儿童青少年成长环境深刻变化，人才培养面临新挑战。义务教育课程必须与时俱进，进行修订完善。为贯彻落实党的十八大、十九大精神，落实全国教育大会部署，全面落实立德树人的根本任务，进一步深化课程改革，2022年，教育部印发义务教育语文等16个课程标准，将其作为新阶段课程实施的重要依据。

（四）对义务教育学校的教师配备标准作出相关规定

教师作最重要的核心要素，是确保中小学校教育教学质量的重要保障条件。国家先后分别从教师资格、教师编制、教师职称（职务）、教师专业标准等方面来规定学校教师的配备问题。

1. 实施教师资格准入制度

1993年的《中华人民共和国教师法》提出教师资格的学历要求：规定小学教师具备中等师范学校毕业及其以上学历；初中教师应当具备高等师范专科学校或者其他大学专科毕业及其以上学历；2001年的《国务院关于基础教育改革与发展的决定》（国发〔2001〕21号）提出"实施教师资格准入制度，严格教师资格条件"；2013年教育部正式出台《中小学教师资格考试暂行办法》和《中小学教师资格定期注册暂行办法》（教师〔2013〕9号）。2018年的《中华人民共和国教师法》再次对不同学段学校教师资格的相应学历提出相应要求。

2. 以生师比明确教师编制标准

2001年《关于制定中小学教职工编制标准的意见》（国办发〔2001〕74号）制定了中小学教师的具体编制标准，按城市、县镇和农村确定了小学和初中的教职工编制标准，并明确规定了教辅、工勤人员的比例。2002年，教育部关于贯彻《国务院办公厅转发中央编办　教育部　财政部关于制定中小学教职工编制标准意见的通知》的实施意见规定中小学的班额标准，并相应提出按班级应配备的教师数，如普通高中每班可配备教师3人；普通初中每班可配备教师2.7人；城市小学和县镇小学每班可配备教师1.8人。2015年《中央编办 教育部 财政部关于统一城乡中小学教职工编制标准的通知》（中央编办发〔2014〕72号），根据中央关于推进城乡发展一体化和基本公共服务均等精神，明确将县镇、农村中小学教职工编制标准统一到城市标准，即初中为1：13.5，小学为1：19，以进一步促进城乡中小学教育资源均衡配置。

3. 以教师职务制度激励教师努力晋升

2006年修订的《中华人民共和国义务教育法》提出国家建立统一的义务教育教师职务制度，教师职务分为初级、中级和高级职务。2011年《人力资源和社会保障部 教育部关于印发深化中小学教师职称制度改革扩大试点指导意见的通知》（人社部发〔2009〕13号），要求将原中学教师职务系列与小学教师职务系列统一，并入新设置的中小学教师职称（职务）系列，这也为教师的专业晋升明确了规范和要求。2015 年《关于深化中小学教师职称制度改革的指导意见》（国办发〔2001〕74 号）出台，进一步明确提出"建立统一的中小学教师职务制度，教师职务分为初级职务、中级职务和高级职务，统一职称（职务）等级和名称。初级设员级和助理级；高级设副高级和正高级。员级、助理级、中级、副高级和正高级职称（职务）名称依次为三级教师、二级教师、一级教师、高级教师和正高级教师"。这一制度厘清了统一后的中小学教师职称（职务）与原中小学教师专业技术职务的对应关系，以及与事业单位专业技术岗位等级的对应关系。

4. 以教师专业标准引领教师能力提升

2012 年，《教育部关于深化教师教育改革的意见》（教师〔2012〕13 号）提出健全教师教育标准体系，落实幼儿园、小学、中学教师专业标准，制定分学科、分专业教师专业标准，引导教师专业发展。同年，《国务院关于加强教师队伍建设的意见》（国发〔2012〕41 号）提出完善教师专业发展标准体系，将其作为教师培养、准入、培训和考核等工作的重要依据；制定普通中小学校长专业标准和任职资格标准，提高校长专业化水平。

2012 年，教育部下发《关于印发〈幼儿园教师专业标准（试行）〉〈小学教师专业标准（试行）〉和〈中学教师专业标准（试行）〉的通知》（教师〔2012〕1 号），分别从专业理念与师德、专业知识、专业能力三大维度、十四个方面对教师提出了基本要求，将其作为各地教师队伍建设、培养培训、教师管理及教师自身专业发展的依据。

2013 年,教育部印发《义务教育学校校长专业标准》(教师〔2013〕3 号),分别从规划学校发展、营造育人文化、领导课程教学、引领教师成长、优化内部管理、调适外部环境六大方面职责提出了对校长的专业要求。为扎实推进国家教育数字化战略行动,完善教育信息化标准体系,提升教师利用数字技术优化、创新和变革教育教学活动的意识、能力和责任,2022 年教育部研究制定了《教师数字素养》(教科信函〔2022〕58 号)标准,作为教育行业标准予以发布。从数字化意识、数字技术知识与技能、数字化应用、数字社会责任、专业发展五大维度描述了教师数字素养框架。标准将用于对教师数字素养的培训与评价。

5. 严格教师学习培训制度和要求

2012 年,《国务院关于加强教师队伍建设的意见》(国发〔2012〕41 号)提出:建立教师学习培训制度;实行五年一周期不少于 360 学时的教师全员培训制度,推行教师培训学分制度;采取顶岗置换研修、校本研修、远程培训等多种模式,大力开展中小学、幼儿园教师特别是农村教师培训。

近年来,国家越来越重视乡村教师队伍建设。2020 年,教育部印发《关于加强新时代乡村教师队伍建设的意见》(教师〔2020〕5 号),对于乡村学校教师编制、培养培训、待遇等提出了具体的政策要求。这些政策要求为乡村小规模学校办学标准中教师队伍建设部分提供了方向和具体指导。例如,在教师编制方面,文件提出要创新乡村教师编制配备,要向乡村小规模学校适当倾斜,按照班师比与生师比相结合的方式核定;鼓励地方探索教师跨学科、跨学段转岗机制,并为转岗教师提供专业化的转岗培训,缓解英语、音体美、综合实践等学科（领域）教师短缺矛盾；鼓励地方通过跨校兼课、教师走教等方式实现区域内教师资源共享。这些要求和具体做法都将为乡村小规模学校办学标准内容确定提供了参考和借鉴。

（五）不断推进学校治理现代化

推进教育治理现代化是新时代教育发展的重要主题，而学校管理的创新与发展则是教育治理现代化的重要组成部分。学校管理也将作为学校办学标准的重要内容。就学校管理的标准而言，除了依法治校的总体指导，更有对学校各方面管理工作的规范和要求。

2012年，教育部印发《全面推进依法治校实施纲要》（教政法〔2012〕9号），对学校内部制度体系建设、学校治理结构的完善、家长委员会制度、学校依法自主办学、建设平等校园环境、健全学校内部救济和纠纷解决机制、学校法治文化建设、政府职能转变等方面作出了部署和具体规定。这些方面也将作为义务教育阶段学校办学标准研制的重要参考。

2017年，教育部印发《义务教育学校管理标准》（教基〔2017〕9号），提出了学校管理的"三十二字"的基本理念，即育人为本、全面发展；促进公平、提高质量；和谐美丽、充满活力；依法办学、科学治理。这份文件明确了保障学生平等权益，促进学生全面发展，引领教师专业进步，提升教育教学水平，营造和谐美丽环境，建设现代学校制度6大管理职责、22项管理任务、88条具体内容。学校管理的基本理念、职责、任务和具体内容也是义务教育阶段学校管理的基本遵循。

对于学校财务管理，2012 年，财政部、教育部印发《中小学校财务制度》（财教〔2012〕489 号），对中小学校财务管理体制进行了规范，并详细规定了学校的预算管理。中小学校预算以校为基本编制单位，教学点纳入其所隶属学校统一编制。预算编制应当坚持量入为出、收支平衡、统筹兼顾、保证重点的原则。中小学校不得编制赤字预算。

（六）对教育经费作出原则性规定

《国务院关于进一步完善城乡义务教育经费保障机制的通知》（国发〔2015〕67 号）明确建立城乡统一、重在农村的义务教育经费保障机制，包括统一城乡义务教育"两免一补"政策（对城乡义务教育学生免除学杂费、免费提供教科书，对家庭经济困难寄宿生补助生活费），统一城乡义务教育学校生均公用经费基准定额。规定从 2016 年起生均公用经费基准定额：中西部地区普通小学每生每年 600 元、普通初中每生每年 800 元；东部地区普通小学每生每年 650 元、普通初中每生每年 850 元。在此基础上，对寄宿制学校按照寄宿生年生均 200 元标准增加公用经费补助，继续落实好农村地区不足 100 人的规模较小学校按 100 人核定公用经费和北方地区取暖费等政策。这一文件对于义务教育学校的经费落实和保障提出了国家基准。

《国务院办公厅关于进一步调整优化结构提高教育经费使用效益的意见》（国办发〔2018〕82 号）中"重点保障义务教育均衡发展"提出："巩固完善城乡统一、重在农村的义务教育经费保障机制，逐步实行全国统一的义务教育公用经费基准定额。落实对农村不足 100 人的小规模学校按 100 人拨付公用经费和对寄宿制学校按寄宿生年生均 200 元标准增加公用经费补助政策，单独核定并落实义务教育阶段特殊教育学校和随班就读残疾学生公用经费，确保经费落实到学校（教学点），确保学校正常运转。"

以上这些标准构成了相对完备的国家层面义务教育学校办学标准体系，为各地制定省标和推进学校标准化建设提供了法定依据。

二、省级办学条件标准配套和落实

截至 2013 年，全国 31 个省（区、市）和新疆生产建设兵团均制定或更新完善了办学条件标准，作为国家义务教育均衡发展督导评估的门槛评估标准，也成为推进学校标准化建设的重要依据。基本内容包括学校规模、校园校舍、仪器设备配备（含常规教学设备、实验教学仪器设备、音体美器材、现代信息技术设备），校长与教师队伍配备等。部分省份还提出对学校管理、教学质量、教育经费等方面的规定和要求。

在名称方面，18 个省（区、市）选择以"办学基本标准"来命名；9 个省（区、市）选择以"办学条件标准"命名；4 个省（区、市）的文件关键词为"规范化或标准化学校标准"。天津市超前一步，直接沿用"学校现代化建设标准"。绝大部分省（区、市）都是小学、初中合并起来设定各项标准，而江苏、山东、江西、青海、西藏五省（区）则是小学、初中各一份完整的标准文件。陕西省是分城市、农村、小学、初中拟了四份完整的标准文件，河南省则将省标直接定位为"农村义务教育阶段学校"。

对标准出台时间进行分析发现，由于 2010 年出台了《国家中长期教育改革与发展规划纲要（2010—2011 年）》，其中特别强调了"推进义务教育学校标准化建设"。为了更好地执行文件要求，必须有规范的标准文件作为参考，近一半（14个）省（区、市）在2011年新出台了标准。

各省（区、市）的办学标准基本依据国标制定，并根据本省实际情况进行了不同程度的调整和变通。以下主要从学校规模、校园校舍、仪器设备等方面进行比较分析。

（一）进一步界定学校规模

学校规模主要包括"班额"和"班数"，国家城市、农村学校建标对中小学学校规模分别按照4、6、12、18、24、30、36班来规划，并规定了标准班额。例如，不完全小学4班120人，标准班额30人；完全小学6班270人，标准班额45人；农村完全小学班额近期45人/班，远期40人/班；农村初中班额近期50人/班，远期45人/班；城市小学45人，初中50人。通过比较分析，各省（市、区）对班额标准的设定大致可分为以下三种情况。

一是与国家标准一致。设定近期、远期目标，小班限定在30人/班。例如，宁夏直接规定：非完全小学30人/班，完全小学近期45人/班；远期40人/班；初中近期50人/班，远期45人/班。

二是设定唯一标准。部分省（区、市）依据国标近期目标设定班额标准，如小学45人/班，初中50人/班。个别省份相应地提高标准，如北京市规定小学、初中班额均为40人。上海则参照国家标准的远期目标规定，小学40人/班，初中45人/班。

三是设定一定范围的标准。从规模效益的角度考虑，黑龙江省规定：小学每班学生最低不少于15人，最高不超过45人。初中每班学生人数不少于

35 人（农村初中不少于 25 人），最高不超过 50 人。农村小学教学点一般每班学生人数最低不少于 10 人。新疆则规定：小学 40~45 人，初中 45~50 人。集中办学的学校规模，小学以 480~1152 人，初中以 600~1200 人为适宜规模。另外，作为接收外来务工子女较多的地区，上海提出人口导入区可将班额适当放宽到 50 人 / 班；江苏提出，外来务工人员子女占生源 30% 以上的学校，班额可适度放宽（10 人以内）。

（二）分类设定校园校舍场地标准

就校园校舍而言，国家城市、农村学校建标依据学校规模、学校类型设定校园占地、校舍建筑面积、教学及辅助用房及其他校舍的面积标准，部分指标还设定了基本和规划两类标准。绝大部分省份是对城市和农村学校规定统一标准，具体包括以下三种情况。

1. 按学校规模设定校舍场地标准

与国家办学标准一致，各省（区、市）依据学校规模设定校舍建筑面积、教学及辅助用房面积、体育运动场（馆）面积等的生均面积或总面积，如浙江、山东、辽宁、宁夏、陕西、新疆等。具体以占地面积、校舍建筑面积为例，统一标准的省份所定标准基本低于国家农村小学、初中 12 班的生均标准；按学校规模设定的标准也相应低于国家标准。另外，部分省份对于教辅用房（包括各类功能室）、行政办公用房等仅仅作了设置规定，并没有规定具体生均面积标准。

2. 区分中心城区内外设定校舍场地标准

部分省（区、市）依据学校规模，分中心城区内外设定校舍场地标准，如北京、广东、海南、湖北、湖南和内蒙古等省（区、市）。根据客观条件，中心城区学校占地、体育运动场地、生均校舍建筑的生均面积标准明显低于中心城区外的学校。湖南、湖北两省，除区别性设定中心城区内外生均面积标准，还提出"山区、湖区等特殊地区学校生均占地面积基本合格标准可降低 10%"。

3. 以是否寄宿制学校区分设置校舍场地标准

伴随农村学校布局调整进程，部分中西部省份开始建设寄宿制学校。对于寄宿或非寄宿制学校，部分省份在校舍场地方面规定了差异化标准。不论是生均占地面积还是生均校舍建筑面积，寄宿制学校或全寄宿制学校都要高于非寄宿制学校或非全寄宿制学校。例如，湖北省中心城区小学生均占地面积标准为 20 平方米，而寄宿制小学则为 32 平方米；小学生均校舍建筑面积的基本要求是 5.66 平方米，全寄宿制小学生均校舍建筑面积则为 6.54 平方米。

（三）差异化设定仪器设备的配备标准

1. 学科仪器配备的分档分类设定

北京、上海等绝大部分省（区、市）都提到教学仪器配备要达到相应省级标准。湖北省明确实验室仪器设备参照国家标准。黑龙江省规定教学仪器设备达到省定 II 档。江苏省则规定教学仪器设备应高于《江苏省中小学教育技术装备标准（Ⅲ类）》（苏教备〔2011〕7号）。个别省份在标准文件中采用描述性语言，尚缺乏清晰的规范，如安徽省、广东省规定应根据课程标准与学校规模配备常规教学仪器、器材。个别省份除要求配备目录达标外，还提出生均仪器设备值标准。例如，河北省规定小学生均不低于365元，初中生均不低于695元；青海省规定小学生均达到330元，初中生均达到600元。此外，天津市从现代化学校建设出发，提出仪器设备使用的标准，如要求演示、分组实验开出率达到100%。

2. 探索出台省级信息化装备标准

对于现代信息技术设备，在国家尚未出台相应类似生机比这样的定量标准的情况下，各省积极探索，提出相应规定和要求。绝大部分省份规定计算机室要按标准班额每人配备一台计算机，保证教学时学生单人单机；规定多媒体教室的设置标准，定量规定生机比或师机比标准。就计算机配备标准而言，相对较高的是浙江省，要求生机比达到7∶1，师机比达到3∶1；部分省份统一规定中小学达到12∶1。相对较低的是广西壮族自治区，要求生机比小学达到30∶1，初中达到15∶1。

3. 图书的城乡标准设定

国家规定图书配置的数量：农村小学20册/生，初中30册/生；城市小学30册/生，初中40册/生（建标）。而《中小学图书馆（室）规程》（教基〔2003〕5号）中提出小学、初中图书配置的两类标准：1类标准为小学30册/生，初中40册/生，2类标准为小学15册/生，初中25册/生。从各省办学标准比较分析可以看出，近一半（12个）省份选择参照国家农村建标，小学20册/生，初中30册/生；个别东部省份选择参照国家城市建标或一类标准：小学30册/生，初中40册/生。山东、湖北两省则区分经济发达地区、欠发达地区设定两类标准。部分中西部省份选择参照上述规程中的2类标准，还有个别省份明显低于2类标准。例如，重庆市、福建省规定初中生均图书20册；福建省对村完小的标准要求更低，生均10册。除了数量标准规定，部分发达省份或直辖市还对图书的利用提出了要求，如天津市根据现代化学校要求提出借阅率达到100%。

4. 确定生活设施配备标准

少部分省份从学校生活设施配备的角度提出了相应规定和要求。河北省要求"农村中小学校应当按照安全、卫生的原则配备取暖设施，冬季室内温度不低于14℃"。江苏、江西、云南和甘肃等省份则明确提出寄宿生宿舍要求保证一人一床，江西、云南两省还相应提出宿舍面积要求。江苏省还要求学校安全设施齐全，食堂卫生并满足师生就餐需要，有安全卫生的饮用水；厕所能满足学生课间如厕的需要，并有水冲设施；寄宿生宿舍安全、卫生、够用，住宿及消防、报警设施齐全。

（四）进一步完善校长和教师队伍配备标准

对于校长和教师队伍配备，各省（区、市）除规定依据国家标准配备外，还提出对教师的其他要求。

1. 高一级学历教师比例

四分之一的省份对于中小学高于规定学历教师比例作出规定，其中标准值最高的为浙江省，要求中小学高一级学历教师比例均要达到95%，河南则规定小学、初中的高一级学历教师比例分别达到60%、30%。

2. 中级及以上职称教师比例

部分省份对学校中级及以上职称教师比例作出规定：福建省规定学校中层中级以上职称比例应达到80%；浙江省规定小学、初中中级及以上职称教师比例分别达到55%和67%；黑龙江省规定小学高级以上职称教师比例达到40%，初中中级以上职称教师比例达到45%；湖南省要求规模较小的学校应确保每所学校至少有一名高级职称教师（或学科带头人、骨干教师）带领学校开展校本教研。

3. 寄宿制学校教师配备

近1/4省份提出了寄宿制学校教师配备要求，包括专业卫生技术人员、心理健康教师、生活管理人员和安保人员等。重庆市提出"实行寄宿制的义务教育学校。200名以下住宿生可核定附加教师编制2~3个；200名以上的每增加150名住宿生可增加教师编制1个"。云南要求落实有关增编因素，对布局调整集中办学、"一师一校"、寄宿制（半寄宿制）学校、接收流动人口子女较多的学校等特殊情况，适当调剂增加教师编制。

4. 其他

个别省份明确提出要建立教师或校长定期流动制。例如，重庆市提出"探索建立校长定期轮换制、工作任期制及城乡学校校长交流服务制度，增强管理活力"；吉林省提出"实行教师聘任制和定期流动制，教师在同一所学校任教时间符合省有关规定"；福建省提出小学50%以上的专任教师一专多能，能适应两门以上学科教学，初中80%的教师能胜任循环教学，能够承担综合实践活动教学；江苏省规定"每所学校都有县级及以上骨干教师"；湖南省规定"语文、教学、外语、品德与社会（思想品德）、科学（物理、化学、生物）、艺术（音乐、美术）、体育与健康等学科须有专任教师，其他学科可由经过相关专业培训的教师兼任。规模较小的学校应采取联聘等措施确保上述学科配备专任教师任教"；辽宁省则规定"学校有专职的音乐、美术、体育、计算机、外语和综合实践课教师，35岁以下的年轻教师占教师总数三分之一以上"。

（五）对经费、管理及质量作出具体规定

1. 教育经费标准的省级设定

各省（区、市）强调学校生均公用经费拨款标准不得低于国家标准和省级标准，并应逐步增长，同时要求专项经费要向农村和城市薄弱学校倾斜，以促进均衡发展。此外，甘肃省提出建立公用经费的动态调整机制。四川省提出"对不同规模、性质、特点的学校，由县级财政部门会同教育部门，本着向农村教学点和规模较小学校等薄弱学校倾斜的原则，结合本地实际，核定不同拨款标准"。

2. 教育教学和学校管理的具体化设定

各省（区、市）针对教育教学和学校管理提出原则上的制度和规范要求，如要求建立校长负责制、全员聘任制、校务公开制度等；在教育教学中关注减轻学生课业负担等，将其作为规范学校教育教学和管理的重要依据。

3. 对教育质量核心指标的定量标准设定

大部分省（区、市）都提出了学业合格率，包括全科合格率、体质健康合格（达标）率等相应教育质量指标及标准。湖北省提出小学、初中学业合格率应达到 100%、98%。上海市要求学生学业水平考试合格率应达到 95%。此外，上海、天津、湖南等 7 个省（区、市）提出对体质健康合格（达标）率的要求。其中，天津市、湖南省要求体质健康合格率达到 98% 以上，上海市要求达到 85% 以上。个别省份还提到了近视眼年新发病率及标准，辽宁省规定要低于 4%，吉林省则要求低于 7%。福建省、黑龙江省等提到了入学率、保留率、升学率、毕业率和辍学率等指标及标准。江苏省还从推进素质教育角度提出要求："80% 以上学生至少参加一个兴趣小组或社团活动。"

三、对义务教育办学标准的几点思考

义务教育办学标准是一个国家的基本办学标准，是一段时间内对义务教育学校办学条件的最低要求。义务教育办学标准的制定应强调平等性、均衡性。一视同仁、平等对待是所有学校义务教育办学标准最基本的政策导向，义务教育实现办学条件上的校校达标是政府兴教办学最核心的责任。

国家在标准的制定和实施中要充分考虑区域间、城乡间和学校间教育资源条件的差距。一方面，国家要在教育资源分配上给予落后地区和薄弱学校额外补偿；另一方面，又要鼓励有条件的地方在坚持区域内均衡发展的前提下，逐步提高办学条件标准，为不同区域、不同学校发挥自身特点实现内涵式发展、追求更高质量的教育创造空间。

（一）学校标准化建设是国家教育的发展趋势

办学标准化是国际教育发展的一大趋势。"二战"以后，特别是从 20 世纪 70 年代以来，日本、俄罗斯、印度等在普及义务教育的同时，都非常强调制定基本的教育标准，如制定基本的教育质量标准、办学标准等。各国从政策层面所采取的措施，尤其是对办学标准的制定与完善，为确保义务教育的普及和质量提升奠定了扎实的基础。为了促进本国学校的标准化建设，各发达国家明确了标准化的办学理念，制定了标准化的教育发展战略规划和具体政策，也配套实施了很多标准化的建设项目。例如，澳大利亚在国内掀起基础教育的"标准化运动"，形成了覆盖面宽广的教育标准体系，并与时俱进地完善其教育标准内容。澳大利亚建立了从基础教育到教师教育等一系列教育标准，"标准"内容所针对的专业群体越来越细化，并试图在国家层面达到统一和整合。

（二）办学标准亟待整合和体系化

就目前我国国家层面义务教育阶段学校标准而言，存在政出多门、管理混乱等问题。一方面，国家标准体系管理部门分立，涉及多个部委，同一内容不同部门出台的标准存在重复交叉和不一致的地方。2014年，国家将农村中小学编制标准统一提高到城市标准，按小学1：19、初中1：13.5的师生比核定编制。2016年，国务院建立了城乡统一的义务教育经费保障机制，即统一城乡"两免一补"政策，统一生均公用经费基准定额，统一经费分担机制。在教师编制、教育经费保障方面，由城乡两套标准统一为一套标准。但目前为止，学校建设标准还区分为城市和农村两套标准，标准还在统一过程中。另一方面，国家标准体系碎片化，要推进学校标准化建设，将意味着需要收集教育部、住建部、卫生部等不同部委为主所出台的教学、校舍建筑、体育卫生保健、仪器设备配备等各方面标准。个别省份出台的办学标准相比国家标准而言，包括建设用地、教师队伍、教学管理等，更为全面，能够涵盖义务教育学校办学的基本条件，使其成为一个系统的办学标准体系。

此外，应进一步严格执行国家层面标准作为各省（区、市）制定标准的底线要求。从已有省级办学标准文本分析来看，部分省份对于生均占地面积、校舍建筑面积的现行标准要低于国家农村小学12班、初中18班的生均标准。就生均图书而言，由于学校建标、图书馆管理规程中两套标准不一致，部分省份权衡之下选择更低的标准，而选择不同标准来推进学校的标准化建设自然就会产生差异。

（三）把握学校办学标准的发展方向

就目前国家和各省（区、市）颁布的标准而言，出现了以下几对矛盾：

一是标准内容的规定程度与学校自主建设空间。不论是国家标准还是省级标准，基于我国各地差异性太大，标准规定的尺度问题难以把握，太笼统和宽泛达不到督促建设的操作性要求，而对部分指标内容规定过于具体细致又不利于学校发挥主观能动性，自主建设。二是办学标准的未来前瞻性与办学实际。学校建设要面向未来，办学标准的规定应具有一定的前瞻性，这能够促使学校发展，但与此同时也会导致一些不具备使用条件的学校造成教学设备、仪器等条件的闲置与浪费。因此，不论是国家标准还是地方标准，都要把握教育、经济和文化等方面的实际情况，把标准的前瞻性要求控制在学校发展的"最近发展区"内，在面向未来的前瞻性要求与学校可达成的发展要求之间权衡到合适的点。

面向未来教育发展，办学标准要实现以下转型：一是从关注效率到注重公平，办学标准的制定要以教育公平为导向，保障义务教育发展底线公平。二是注重机会保障到强调质量保障，尤其是要重视软性条件的规范和要求的制定，既有引领又有要求，以保障教育教学效果促进学生发展为结果和目标。三是通过标准的前瞻性要求设定，引领学校主动建设、自主发展。四是与时俱进，办学标准的内容要因应时代发展变化而更新完善。一般而言，标准既要有便于督导评估的操作性内容，也要体现教育未来发展的基本价值理念导向。《中国教育现代化2035》文件的出台是宏观的纲领性引导，部分现代化建设的要求要体现在具体的学校办学标准内容中。除了学校教育教学设施设备的现代化，对于办学理念和行为的相关规定同样要与时俱进，体现现代化建设的基本要求。

四、更好地推进义务教育学校标准化建设

（一）把农村作为义务教育标准化学校建设的重点

义务教育标准化学校建设的重点和难点都在农村和偏远地区。广大农村学校硬件条件、教师队伍建设明显偏弱，各种专用教室不完善。应按照突出重点、注重效益的原则，集中人力、财力和物力优先解决农村学校的建设和条件的整体改善问题。

（二）学校标准化建设要先易后难，重点在软件

就学校建设而言，在硬件标准化基础上再逐步实现软件标准化。校舍、教学仪器设备、图书等条件的达标需要经费投入，但教师、其他资源等方面除了经费投入，还需要管理机制改革和基层实践创新。在推进学校标准化的过程中，学校硬件条件的标准化是要达到的一个底线，但标准不能过高，有学者建议对于办学条件应设置上限标准。学校建设应在办学条件能够满足基本教学需求的情况下，更加重视教师素养和学校管理水平的持续提升。学校应通过软件建设，包括校长和教师的专业发展和培训、创新管理和实践等来提高现有办学条件的利用效率，促进学校内涵建设，不断提升教育教学质量。

（三）给地方或学校留足推进标准化建设的弹性空间

各省义务教育发展的基础不一，在学校布局调整、办学成本、教学方式和手段等方面也存在较大差异。推进学校标准化应充分考虑各地的不同情况，

切实加强对地方的分类指导。随着人口变化和城镇化的推进，一方面生源减少所产生的小规模学校办学条件生均值过大，很多资源闲置；另一方面县镇学校大校额、大班额导致部分办学条件生均值不达标，如何提高资源配置的合理性及效益也给标准化建设带来挑战。此外，判断学校是否达标也存在一些特殊情况和问题，如两所相邻学校或教学园区内的多所中小学共享合用一个体育运动场地或其他资源，完全能够满足学校课程教学需要，但按共享拆分各学校的生均值则不能达标。标准化建设重点强调了建设，下一步应重视如何提高已有条件的应用效益。总体而言，为促进均衡发展、逐步缩小差距，省级政府应加大督促指导力度，科学规划学校布局，并针对不同市县采取更有针对性的学校标准化建设的支持性政策和管理措施，以更有效地解决标准化建设过程中出现的突出矛盾和问题。

第六章 现行乡村小规模学校办学标准评价

　　义务教育是国家必须优先发展的基本公共事业，我国已全面建成小康社会，对整体提升义务教育办学条件和教育质量提出了新要求。小规模学校和农村寄宿制学校建设是当前义务教育城乡统筹发展的重点任务，对于保障农村人口就近入学、提高农村教育规模效益和质量具有重要意义。

　　小规模学校坐落在农村地区社会经济发展较为落后的地方，总体上规模小、条件较差、师资配备和管理水平较低，教育质量差，各项工作运行存在一定困难，是我国义务教育发展的短板。小规模学校办学具有特殊性，从办学设施、人员配置及学校管理等都不同于一般学校，在办学实践中缺乏办学标准进行引导和规范。因此，《国务院关于统筹推进县域内城乡义务教育一体化改革发展的若干意见》（国发〔2016〕40号）提出，"完善乡村小规模学校办学标准，科学推进城乡义务教育公办学校标准化建设，全面改善贫困地区义务教育薄弱学校基本办学条件"。

　　在国家的学校建设标准中，对于小学类型主要是按照年级建制提出的，包括完全小学和非完全小学。从教育事业统计的数据来看，"教学点"一直存在。从已有研究来看，对于学校标准化建设的研究，绝大部分学者多会关注城市学校和农村薄弱学校进行标准化建设，却很少关注中西部农村偏远地区的小规模学校，乃至教学点的标准化建设。从已有实践来看，部分地区关注了教学点这一特殊类型学校，并就教学点或乡村小规模学校办学标准出台相关文件。本章采用文本和内容分析方法对地方教学点或乡村小规模学校办学标准进行全面深入地分析，以为全面考虑义务教育阶段学校办学标准的研制提供广泛的实践图谱和依据。

一、作为特殊类型的乡村小规模学校必须加以关注

（一）乡村小规模学校是义务教育不可或缺的部分

2019 年教育事业统计数据显示，我国仍有 96 456 个教学点，还不含百人以下的村小。从布局调整政策发展脉络来看，2012 以来，对于乡村小规模学校以保留、建设为主，提倡办好。从教学点数量变化来看，2012 年以来，教学点数一直处于增长趋势，从 2012 年的 6.98 万所增加到 2017 年的 10.30 万所，2018 年、2019 年我国常住人口城镇化率达到 60% 左右，教学点数量略有减少，相应地在校生数 2018 年较 2017 年减少了 13.16 万人（图 6-1）。

总体上来说，这些乡村小规模学校地处偏远，面临政策支持不足、师资薄弱、经费短缺、教育设备配置短缺等发展困境，成为大家眼中"小而弱""小而差"的存在。对于乡村小规模学校，我们既要给予关注，又要提供其生存

和发展的空间，让乡村小规模学校"小而优""小而美"，这既是推进义务教育优质均衡的应有之义，也是助力乡村振兴的重要之举。

图 6-1　2012—2019 年全国教学点数量及其在校生数量情况

（二）乡村小规模学校办学标准亟待研制

普通中小学建设标准、教育装备标准或者办学标准等使学校的规划设计、建设、管理和督导评估有章可循，为保障学校建设和教育质量起到重要作用。但是，普通中小学的有关标准都是按照 45 人标准班额、最少6 个班的规模进行规定的，不适用小规模学校。《农村普通中小学建设标准》（建标 109—2008）部分项目为 4 班、30 人 / 班的小学提供了依据。总体来说，100 人以下的小规模学校建设和办学缺乏国家层面的标准保障。《国务院办公厅关于加快中西部教育发展的指导意见》（国办发〔2016〕37 号）提出：

"各地要制定教学点办学条件、教师配备等基本标准，明确教学点基本要求。"《国务院关于统筹推进县域内城乡义务教育一体化改革发展的若干意见》(国发〔2016〕40号)提出："要办好必要的乡村小规模学校……完善乡村小规模学校(含教学点)办学标准，科学推进城乡义务教育公办学校标准化建设……。"国务院《关于全面加强乡村小规模学校和乡镇寄宿制学校建设的指导意见》(国办发〔2018〕27号)再次提出保障小规模学校的发展，完善办学标准。《国家标准化体系建设发展规划(2016—2020年)》(国办发〔2015〕89号)也要求"加快城乡义务教育公办学校标准化建设，基本建成具有国际视野、适合中国国情、涵盖各级各类教育的国家教育标准体系"。因此，小规模学校不应被排除在外，政府或者为其制定专门的标准，或者在普通中小学办学标准内增设小规模学校项目。

部分地方研制教学点或者小规模学校办学标准的工作走在国家要求的前面。自从2012年以来，中央要求办好必要的教学点。为了使"办好"有据可依，一些地方陆续出台了小规模学校或者教学点的办学标准，范围涉及地址与布局、校舍场地、教育装备、教师资源、课程与教学和学校管理等方面，为小规模学校发展和标准化建设提供了具有一定法律效力的依据。据调查发现，多数地方政府支持出台小规模学校办学标准，不仅为小规模学校发展提供保障，而且也为经费预算、督导评估等提供依据。

从政策层面的需求而言，《国务院办公厅关于加快中西部教育发展的指导意见》(国办发〔2016〕37号)中明确提出：保障教学点基本办学需求。巩固规范农村义务教育学校布局调整成果，办好必要的教学点，方便乡村学生就学。各地要制定教学点办学条件、教师配备等基本标准，明确教学点基本要求。《国务院关于统筹推进县域内城乡义务教育一体化改革发展的若干意见》（国发〔2016〕40号）明确提出，要办好必要的乡村小规模学校……完善乡村小规模学校（含教学点）办学标准，科学推进城乡义务教育公办学校标准化建设。

（三）研制乡村小规模学校办学标准的意义

从国家层面研制农村小规模学校办学标准，将有助于推进义务教育学校标准化建设，提高农村学校办学水平，缩小教育质量的城乡差距，促进城乡教育一体化发展。

明确"办好"乡村小规模学校的基本标准，是对乡村小规模学校合法性存续的最有力度的证明，也是对追求"小而优""小而美"的学校发展价值观的强有力论证。乡村小规模学校将在很长一段时间内存续下去。实际上，在城镇化过程中产生的大量乡村小规模学校是一个普遍的教育现象。乡村小规模学校是一种独特的学校类型，而并非"落后"的学校形态。例如，在日本乡村小规模学校并不意味着"落后"，反而意味着"现代"。

明确"办好"乡村小规模学校的基本标准，为地方出台相关标准提供国标底线的基本参考。办好村小和教学点是2012年以来一系列国家文件不断重复的要求，国家文件涉及多个方面，如基本办学条件、公用经费、教师配置、信息化和管理，但对"办好"缺乏更明确的硬性规定。而政策文件中未将教学点单独列出的相关规定则完全由地方决定其是否适用于教学点。实际上，我们会发现部分地方从简单决策的角度对教学点降低标准要求或者不作任何要求，这也严重影响了乡村小规模学校的建设、发展和管理。

明确"办好"乡村小规模学校的基本标准，在一定程度上能够促进社会公平与社会融合。据统计，2019 年全国有教学点 96 456 所（还不含百人以下村小），这部分学校集中着贫困程度较深，无力进城上学的家庭子女，他们是阻断贫困代际传递的核心目标人群，也是教育现代化最难啃的"骨头"。而乡村小规模学校的存在对这部分人的受教育机会保障非常重要，只有办好村小或教学点，这个群体的后代才有脱贫的希望，才有融入主流社会的能力，这些对于缩小社会差距和促进社会融合具有重要意义。

明确"办好"乡村小规模学校的基本标准，是推进我国教育标准体系不断健全的必要组成部分。2018 年《教育部关于完善教育标准化工作的指导意见》（教政法〔2018〕17 号）指出要"完善教育标准体系框架"，要加快制定、修订各级各类学校设立标准、学校建设标准、教育装备标准、学校运行和管理标准等重点领域标准，以加快建成适合我国国情的教育标准体系。其中，各级各类学校就必然包括乡村小规模学校这一特殊类型的学校群体。目前，一方面，中小学校建设标准仍然是城市、农村学校各有一套，还未能城乡一体化；另一方面，乡村小规模学校作为必将长期存续的义务教育学校的重要组成部分，已有建设标准及其他相关标准并不完全适用，需要研究并出台针对性的办学标准，也作为义务教育学校标准体系的重要内容。

从国家层面研制义务教育小规模学校办学标准，将有助于推进义务教育学校标准化建设，提高小规模学校办学水平，缩小教育质量的城乡差距，促进城乡教育一体化发展。

二、地方教学点办学标准内容分析

对于"乡村小规模学校"，政策文件中并没有作明确的界定。部分政策文件使用"乡村小规模学校"，也有一些政策文件使用"村小""教学点"。由于农村生源不断减少，教学点也构成了各地小学学校的必不可少的部分。对于这部分特殊类型学校的规范办学，部分省份自 2012 年以来研制了教学点办学标准或者指导意见。此外，也有些地市、区县研制了教学点办学标准，并以地市级居多（表 6-1）。

表 6-1　小规模学校办学基本标准地方专门文件或相关文件

文件类型	序号	省（区、市）	市	县	文件名	文号或日期
制定专门标准	1	河北			《河北省小学教学点办学标准》（试行）	石教〔2018〕94 号
	2	福建			福建省农村小学教学点基本办学条件	2015 年 12 月
	3	江苏			《省政府办公厅关于全面加强乡村小规模学校和乡镇寄宿制学校建设的实施意见》	（苏政办发〔2018〕90 号）
					江苏省乡村小规模学校基本办学要求	2019 年 11 月 9 日
	4	海南			海南省乡村小规模学校基本办学标准（试行）	琼教基〔2019〕67 号
	5	安徽			《安徽省乡村小规模学校基本建设标准》（试行）	2022 年 10 月 10 日
					关于全面加强乡村小规模学校和乡镇寄宿制学校建设的通知	2018 年 8 月 6 日

文件 类型	序号	省 (区、市)	市	县	文件名	文号或日期
制定 专门 标准	6	江西			《关于印发〈江西省村小、教学点办学条件基本要求〉(试行)的通知》	赣教基字〔2015〕30号
					江西省乡村小规模学校办学标准(试行)	2019年12月30日
	7	湖南			《湖南省小学教学点办学标准(试行)》	湘教发〔2012〕14号
					关于进一步加强乡村小规模学校建设和管理的意见	2020年8月19日
	8	陕西			陕西省乡村小规模学校和乡镇寄宿制学校基本办学标准	陕教〔2020〕106号
	9	广西			《广西壮族自治区农村小学教学点基本办学标准(试行)的通知》	桂教规范〔2016〕15号
	10	青海			《关于印发〈青海省教学点办学标准(试行)〉的通知》	青教规〔2014〕86号
	11	新疆			《新疆维吾尔自治区义务教育教学点办学基本标准(试行)》	新教基〔2013〕23号
					《新疆维吾尔自治区乡村小规模学校办学基本标准》	新教厅〔2019〕78号
	12	河北	张家口		《张家口市农村小学教学点办学基本标准(试行)》	2014年12月
	13	山西	晋中		《关于印发〈晋中市教学点办学条件基本标准(试行)〉的通知》	市教基字〔2014〕37号
	14	甘肃	兰州		《兰州市农村小学教学点办学基本标准》(试行)	2014年6月
	15	河北	石家庄	平山县	《平山县教育局义务教育教学点基本办学条件》	2016年3月
	16	福建	龙岩	漳平市	《漳平市"农村小学标准化教学点"建设基本标准》	2013年11月

续表

文件类型	序号	省（区、市）	市	县	文件名	文号或日期
与标准相关的文件	17	北京			《北京市加强乡村小规模学校和乡镇寄宿制学校建设的实施方案》	京教基一〔2019〕2号
	18	广东			关于全面加强乡村小规模学校和乡镇寄宿制学校建设的实施意见	粤府办〔2018〕46号
	19	辽宁			辽宁省人民政府办公厅关于全面加强乡村小规模学校和乡镇寄宿制学校建设的实施意见》	辽政办发〔2018〕53号
	20	黑龙江			《关于开展对县域乡镇中心校所属教学点建设督导评估工作的通知》	黑政教督委〔2013〕2号
	21	湖北			对省十一届政协第五次会议第0314号提案会办工作的意见	2017年5月23日
					《湖北省人民政府关于统筹推进县域内城乡义务教育一体化改革发展的实施意见》	鄂政发〔2017〕18号
					《湖北省教育厅关于做好农村教学点网校试点工作的通知》	鄂教基〔2016〕12号
					《关于创新农村中小学教师队伍建设机制的意见》	鄂政发〔2012〕30号
					《湖北省全面改善贫困地区义务教育薄弱学校基本办学条件工作专项督导评估指标体系》	鄂政督〔2016〕8号
					《湖北省义务教育学校办学基本标准（试行）》	鄂教规〔2011〕3号
	22	河南			《河南省人民政府办公厅关于加快推进乡村小规模学校和乡镇寄宿制学校建设的意见》	豫政办〔2018〕74号

文件类型	序号	省（区、市）	市	县	文件名	文号或日期
与标准相关的文件	23	贵州			《省人民政府办公厅关于全面加强乡村小规模学校和乡镇寄宿制学校建设的实施意见》	黔府办发〔2018〕50号
	24	四川			四川省人民政府办公厅关于全面加强乡村小规模学校和乡镇寄宿制学校建设的通知	川办函〔2018〕101号
	25	四川	广元		《关于加强农村小规模学校建设与管理的意见》	2017年3月
	26	重庆		云阳县	关于全面提升乡村小规模学校教育质量的意见	云教发〔2018〕62号
	27	甘肃			《关于加强全省乡村小规模学校和乡镇寄宿制学校建设实施方案的通知》	甘政办发〔2019〕30号
	28	甘肃	平凉		《平凉市教育局关于扶持办好农村小规模学校的意见》	平市教发〔2014〕119号
					《关于在全市农村小规模学校试点推行个性化教学的指导意见》	平市教发〔2017〕39号
	29	河北	邢台	临城县	《关于农村教学点标准化建设的意见》	2013年3月
	30	山东	日照	莒县	《莒县教育局关于进一步加强村小学（教学点）建设推进镇域小学教育均衡发展的通知》	2013年2月

随着2018年国务院办公厅发布《关于全面加强乡村小规模学校和乡镇寄宿制学校建设的指导意见》（国办发〔2018〕27号）之后，各地要进一步贯彻落实，从可查文献的分析可以得出，多数省份基于国家政策文件要求，发

布了本地区加强两类学校建设的实施意见或实施方案；部分省份如海南、陕西、新疆、江苏等省（区）印发了乡村小规模学校基本办学标准；而安徽、江西等省结合国家政策文件要求，在之前教学点基本办学标准基础上出台了乡村小规模学校基本办学标准。

对于教学点或乡村小规模学校的办学标准，各地采取了不同的方式处理。有的省份直接忽略教学点问题，有的省份要求市级单位制定教学点办学条件标准，有的省份在中小学办学条件标准的个别条目中注明对教学点的要求，部分地区为教学点制定了专门的办学条件标准。从制定了标准的地区看，一般仍将教学点作为临时性机构对待，部分规定比国家学校建设标准的最低要求还低。

（一）"教学点"和"乡村小规模学校"的界定

一半以上出台教学点标准的地方对教学点并没有明确界定。在对教学点有界定的标准中，1~6年级建制不全是最大的共同点，部分地区对于在校生规模作了界定，如浙江省、广西省规定在校生数不足100人。山西省对"教学点"规定比较具体，指出教学点是为方便学龄儿童就近入学，在小学校本部以外设置的小规模教学单位（含巡回点和下伸点），应同时符合以下四个条件：达不到完全年级；只有小学低段年级（三年级以下）或只有三个以下年级且每个年级人数不超过10人；学生总规模一般不超过30人；在行政管理上从属某一中心学校或者完全小学。

2018年后，部分省份印发的乡村小规模学校办学标准中，海南、陕西、安徽等省明确乡村小规模学校是指在校生不足100人的乡村小学和教学点。

海南省特别强调学生数不含附设学前班、幼儿园幼儿数。新疆除了规定在校生不足 100 人，还规定达不到小学 1~6 年级完整建制。除了教学点，乡村小规模学校将村小也一并纳入，具体以学生数规模来限定，100 人以下为小规模，100 人及以上则视为普通小学。

（二）学校选址与布局的规定

对于乡村小规模学校的设置，主要体现为学校选址与布局。在学校选址方面，绝大多数省（区、市）从学校选址的安全性、教育性、合理性等原则出发作了相应规定。例如，江苏、湖北、湖南、广西、贵州、青海、新疆等省（区）都强调了乡村小规模学校选址要以师生安全为前提，乡村小规模学校周边环境有利于开展教育教学活动，利于学生学习、身心健康等和学生安全。江苏省在提到乡村小规模学校选址要方便学生就近入学，原则上 1 万至 2 万人设 1 所完全小学，必要时可设置分部或教学点。

在学校布局方面，方便学生就近入学、符合乡镇总体规划要求等成为共性要求。在合理设置乡村小规模学校方面，除了这些还要综合考虑人口发展规划和学龄儿童变化趋势、环境、交通和安全等因素，还要坚持利于学生就近入学与提高教育质量相结合的原则。例如，新疆规定对于确需设立乡村小规模学校的地方，要经县级人民政府统一布局规划，充分论证。除了新疆，河北省平山县还规定乡村小规模学校的服务半径一般不超过 3 公里。山东省日照市莒县特别强调，人口稀少、地处偏远、交通不便的地方应保留或设置教学点。

另外，多个省（区、市）明确原则上小学 1~3 年级学生不寄宿，就近走读上学，一般不超过半小时；4~6 年级以走读为主，在住宿、生活、交通和安全等有保障的前提下可适当寄宿。

而各地乡村小规模学校的设置数量与各地学校布局调整的把握尺度差异有关。各地在布局调整过程中采取了不同的过程和策略，也导致了现实中不同的情况。以 100 人以下学生数为参照，部分地方乡村小规模学校数量相对较少，很大程度上源于撤并为主、集中办学的政策。还有部分地方由于地形地理环境等因素，地广人稀、点多面大，采取了以保留为主的政策。实地调研的不同地区各地在乡村小规模学校的数量布局上也各有差异。河北省平山县鉴于村民居住分散，保留了大量教学点，6 年级合并在初中的较多；而同为河北省藁城区则由于农村人口家庭较为富裕，采取小学分段模式，1~3年级在本村或者周边村庄上学，4~6 年级在中心小学住宿。

湖北省恩施市印发了《中小学布局规划（2011—2020 年）》，严格规范学校撤并程序和行为，稳步推进学校布局调整工作。村级小学结合迁村并点多设置于中心村，自然村小学逐步拆并。到 2015 年，农村完全小学全部建成寄宿制学校，小学三年级以上学生逐步向完小集中，初步形成"中心小学＋联村完小＋村办初小（教学点）"的格局。湖北省宜都市政府出台《全市中小学中长期布局规划》则规定，原则上一个乡镇设置 1 所中心小学，视区域人口密度和服务半径设置一定数量的不完全小学，每所小学服务半径不低于 3公里，小学走读生途中单程时间不超过 30 分钟。初中每个乡镇设置 1 所寄宿制或九年一贯制学校，5 万人口以上的乡镇设置 2 所，初中走读生途中单程时间不超过 40 分钟。按照这一规划逐步调整农村学校布局后，学校数量减少较多，从小学 138 所、初中 18 所，调整到现在的小学 24 所，初中 13 所，教学点 0 个。

（三）校舍场地建设要求

校舍场地部分包括校舍建设要求、校园环境、教学及用房设置、生活用房、行政办公用房、活动场地和大型活动设施等。各地针对这些方面提出了相关要求和规定。

1.校园环境及文化建设

对于校门、围墙、升旗台及旗杆、校园文化等附属设施，部分省份和地区对乡村小规模学校的建设提出了相关规范和要求，指出校园应建有围墙和校门、国旗旗杆。例如，广西省提出小学教学点应有不低于 2 米的围墙或其他实体屏障，实行封闭式管理；应在校园的显眼位置设置有国旗升旗场地。海南、江苏、陕西等省提出乡村小规模学校应有闭合的围墙或其他实体屏障，应在校园的显眼位置设置旗杆、旗台。

另外，部分省份和地区对于乡村小规模学校的校园文化建设也作出了指导性规定，指出要培育优秀校园文化，营造良好的文化氛围。江苏省提出注重校园文化建设时，单列了一条："加强校园文化建设，形成良好学风教风校风，学校环境绿化、美化，有育人氛围。"海南省提出"学校空间与环境设计应遵循现代教育理念，与美丽乡村建设相协调，体现地域文化特色"。吉林省长春市农安县提出要按标准布置大厅文化、走廊文化、各功能室文化，做到有内涵、有特色和有品位；同时，还提出了具体的指导，如班门口要有班级展示牌等。福建龙岩漳平市提出校牌、班牌、规范、守则和校训等各项目齐全规范。其中，初小以上校舍要有四大评比栏、榜样栏、版图（世界地图和中国地图）。

2. 校园建设及校舍场地面积

在校舍建设与设计方面，各省（区、市）都提出应符合《中华人民共和国建筑法》、《中小学校设计规范》（GB50099—2011）、《农村普通中小学建设标准》（建标 109—2008）、省级标准。

部分省份和地区参照国家标准化对乡村小规模学校的生均校舍建筑面积和生均占地面积作了明确规定。部分省（区、市）规定生均建筑用地面积不得少于 20 平方米，部分省（区、市）如海南省、广西壮族自治区、新疆维吾尔自治区等规定生均建筑用地面积不应低于 25 平方米。

对于生均校舍建筑面积，除了参照国家标准，个别省份和地区也作了相应规定。例如，陕西省规定生均建筑面积不低于 4.5 平方米；新疆维吾尔自治区规定生均校舍建筑面积达到 4.52 平方米以上；贵州省规定 4 个班的教学点生均校舍建筑面积（不含学生宿舍）为 4.5~7.85 平方米；甘肃省兰州市提出校舍要满足正常教学、生活需要，生均不低于 5.66 平方米。河北省邢台市临城县规定生均建筑面积 5.2 平方米。就绿化用地面积而言，有规定生均绿化用地面积。例如，甘肃省兰州市规定生均绿化用地面积不低于 3 平方米；河北省邢台市临城县要求绿化用地每生不低于 0.5 平方米；山西省晋中市则规定绿化面积占总面积的 20% 以上。

3. 各类用房设置及面积

在整体校舍建筑面积的规定下，部分省份和地区对乡村小规模学校各类用房的设置及其面积作出了相应的规定。

第一，教学及辅助用房。

对各省、地区或区县的标准文本开展分析发现，对小规模学校而言，首当其冲是确保每班都有独立教室。不论是否独立设置，这些区县的标准文本中提到最多的是图书室或图书阅览室。对于有三年级及以上年级的小规模学校来说，要设置科学教室（科学实验室）、计算机教室。还要设置多功能教室、器材室、综合活动室、艺术教室。个别省（区、市）对舞蹈教室、心理健康教育室等提出设置要求。总体来说，对于乡村小规模学校而言，在功能室配置方面坚持实用和够用原则，可以多室合用，有教学用房的尽可能增设独立专业教室。部分省份或地区也明确提出，可按照"实用、够用、安全、节俭"的原则，合并使用教学及辅助用房。新疆维吾尔自治区则规定50人及以下小规模学校校舍可根据适用够用原则，合并使用教学及辅助用房。

对于普通教室，江西省提出4班的普通教室总使用面积要达到160~200平方米，相当于一间教室面积要达到40~50平方米。贵州省、山西省晋中市、福建省龙岩市漳平县还明确提出了面积标准。福建省龙岩市漳平县提出普通教室的人均使用面积不低于1.15平方米。山西省晋中市提出每间教室不小于36平方米。贵州省提出"普通教室人均使用面积小学不低于1.36平方米，教室前排课桌前缘与黑板应有2.2米以上距离。教室内各列课桌间应有不小于0.6米的纵行走道，后排课桌后缘距黑板不超过9米"。

　　江西省在普通教室之外，还规定了图书室、计算机室、科学实验室、心理卫生健康室、综合器材室，面积都要达到40~50平方米，多功能教室面积为54~70平方米。山西省晋中市规定计算机教室1间，不小于36平方米；器材仪器室1间，面积不小于18平方米；图书阅览室1间，面积不小于18平方米。按照课程开设需求，计算机教室、科学实验室均要求由三年级及以上年级的学校设置。

　　保障乡村小规模学校教学的最基本条件就是要有教室。来自11省33个县的校长问卷调查结果显示，整体上超过九成以上的学校都能保障每个班级有至少一个教室，但仍有6.47%的乡村小规模学校班均教室不到1间，教学空间相对比较拥挤。对3省12个区县的调查结果表明，一半区县能保障每班设置独立教室，其他区县能保障每班设置独立教室的学校比例基本上在80%以上。而就每班设置独立教室且最小面积不小于40平方米，总体上超过一半的学校达到这个要求，比例为54.11%。保障最好的一个县的学校达到这个要求的比例为95.45%，而保障不好的一个县的学校这一比例仅为25%。

　　从保障乡村小规模学校开齐国家规定课程的角度，要求有三年级及以上年级的学校必须要有科学实验室。调查的3省12个区县中仅有一个县保障了全部有三年级学生的乡村小规模学校设置科学实验室。总体上在有三年级及以上年级的学校中，仅不足一半的学校能够保障设置科学实验室，比例为44.96%。单从有无来看，配备图书室的学校比例相对最高，为84.37%，配备计算机教室的学校比例为38.68%。其次为综合器材室，配备学校比例为32.67%，配备美术教室的学校比例为28.86%，配备音乐教室的比例为28.26%。应该说，除了图书室，其他专用教室的配备率都不太高。

第二，行政办公和生活用房。

（1）教师办公室。总体来看，多数省份和地区都规定了要设置行政办公室、教师办公室和少先队活动室。对于教师办公场所，江西省提出行政办公用房使用面积为 15 平方米，教师办公室使用面积为 30~40 平方米，少先队活动室为 40~60 平方米。河北省张家口市则提出要为教师提供办公室和休息房间，并配备相应的办公生活设备。山西省晋中市规定教师办公室兼生活用房每人 1 间，且面积不小于 18 平方米。

参与调查的 3 省 12 个区县中仍有少部分乡村小规模学校没有设置教师办公室。总体上而言，有教师办公室的学校比例为 96.79%。教师办公室总面积能达到 15 平方米且师均面积不低于 4 平方米的学校比例为 89.98%。

（2）生活用房。部分省份和地区对于厕所、食堂和宿舍等方面作出了相应规定。厕所设置对乡村小规模学校办学是很重要的内容。几乎所有出台相关标准的省份或地区都对厕所作了明确规定：一是厕所安全和卫生标准，建议水冲式厕所，旱厕要按无害化卫生厕所来设置。二是厕所蹲位或数量的要求。部分省份或地区提出按 1:3 设置男女蹲位，也有从每坑位使用人数规定数量。三是厕所面积的要求。江西省规定厕所使用面积不低于 30 平方米，人均不小于 0.35 平方米。四是个别地方对于厕所设置位置及相关建设标准提出要求。甘肃省兰州市提出厕所要设置在教学办公区及食堂的下风方位，并要配备通风排气设施。贵州省提出厕所应硬化防滑，并有防雨设施、卫生设施的设置。来自 11 省 33 个县的校长问卷调查结果显示，乡村小规模学校建有卫生厕所的比例为 70.18%。

就食堂的设置而言，地方标准中规定相对笼统，部分省（区）仅仅规定要有食堂，如福建省、湖南省、青海省、新疆维吾尔自治区等，青海省要求要有配餐室。安徽省提出食堂（伙房）使用面积一般不低于20平方米。陕西省提出食堂（伙房）使用面积一般不低于24平方米，并规定要具有基本的烹饪、冷藏、消毒设施设备。甘肃省兰州市提出乡村小规模学校营养餐操作间数量、面积达到标准和要求，且其装修及设施装置应符合卫生防疫部门的要求。福建省龙岩市漳平县则明确设置安全、简易且符合卫生标准的厨房、餐厅是针对有午膳生的校点而言的。11省33个县的校长问卷调查结果显示，乡村小规模学校建有食堂或伙房的比例为77.19%。在中部A市调研时，课题组发现，那些实施农村义务教育营养改善计划的学生数最少的教学点，从安保设施到厨房、卫生等生活设施配置相对齐全。中部B县针对村小部分师生吃不上热乎饭的实际问题，按照"干净、整洁、安全"的建设标准，共建食堂178个，自雇工人187名，装备消毒柜126个，蔬菜全部自营自给，74%的村小取消饭盒，为村小教师提供接近免费的热乎午餐，还为带饭的学生热饭，这也提升了学校师生的幸福指数。全县各村小按照干净、舒适和安全的创建标准，为特岗教师设置了能吃能住、冬暖夏凉的温馨宿舍，改善村小特岗教师的住宿条件。

教师周转房或宿舍作为乡村小规模学校吸引和留住年轻或优秀教师的重要条件，绝大部分地方标准对此都有详尽的规定和要求。一是要求学校有满足工作需要的教师周转房或教职工宿舍。二是对其数量、面积提出具体标准和要求。例如，山西省晋中市要求教师办公室兼生活用房每人一间，面积不小于18平方米。吉林省长春市农安县提出"在村小工作的特岗教师和新分配的年轻教师，超过3人的，村小要建立教师宿舍"。对于有寄宿学生的教学点，个别地方标准提出了相应规定。例如，湖北省规定学生宿舍不设在地下室或半地下室；广西壮族自治区规定应建有学生宿舍、按需配置；陕西省规定寄宿制学校学生宿舍按照寄宿生生均使用面积小学 3 平方米的标准建设功能完善的学生宿舍，学生宿舍应包括寝室、公共盥洗室和公共卫生间、管理室，宜附设浴室、洗衣房和公共活动室。

4. 活动场地设置及面积要求

在国家越来越重视学生体育教学及活动的背景下，乡村小规模学校活动场地的设置很必要，而且还是教育教学的重要条件保障。在活动场地设置方面，部分省份提出了原则性要求，如山西省提出应配备必要的体育运动场地，包括体育课、课间操、课外及游戏活动所需要的场地。几乎所有的地方标准都提到了要设置 60 米直跑道；其次规定较多的是篮球场，设置乒乓球台也成为一半以上出台地方标准的省份和地区的规定；跳高跳远及相关设施、100平方米游戏场地或体育运动场地，也成为部分省份和地区对乡村小规模学校提出的活动场地要求。除此之外，广西壮族自治区提出"有条件的小学教学点可配备 5 人制足球场"。福建省龙岩市漳平县则对于活动场地的面积作出规定，水泥硬化的活动场地每生至少 2.3 平方米。

对于参与调查的乡村小规模学校而言，绝大多数学校都有运动场地，比例为 99.20%。在这些学校中，运动场地面积大于等于 100 平方米的比例为97.39%。与别的指标相比，运动场地及其面积达标情况相对较好。对于直跑道和沙坑，建议小规模学校可以根据情况选配。从实际情况来看，仅有二成的学校设置了直跑道和沙坑，有直跑道的学校比例为 22.65%，有沙坑的学校比例为 21.04%。有小部分县所有小规模学校都没有沙坑。就篮球场而言，也建议小规模学校可以根据情况选配。从实际情况来分析，有篮球场的学校比例为 65.33%。总体来看，乡村小规模学校有游戏运动场地的学校比例为 82.77%，如按照游戏运动场地的规定是至少 100 平方米。能达到这一要求的学校比例为 77.15%，12 个区县中 2 个区县的所有乡村小规模学校都有 100 平方米及以上的游戏运动场地面积。

（四）教育装备配备标准

教育装备部分包括七个方面的核心要素：图书、教学仪器设备、卫生保健仪器设备、信息化设备、通用类设备、生活设施和安保设备。

1. 图书

对于乡村小规模学校而言，图书成为让学生与更大世界连接的最好载体。就图书的规定方面，地方标准主要规定了图书数量、复本情况、年新增图书和图书种类四大方面。

在图书数量方面，几乎所有地方标准都对生均图书册数提出相应规定，分为低、中、高三档。低档标准为生均 10 册、生均 15 册。例如，福建省龙岩市漳平县规定生均 10 册以上，河北省张家口市规定不低于生均 15 册。中档标准为生均 20 册、生均 25 册，相对而言，规定 20 册是多数省的选择。例如，湖南省、贵州省、青海省、新疆维吾尔自治区、甘肃省兰州市、河北省石家庄平山县等；海南省、江西省、安徽省、河北邢台临城县规定生均不少于 25 册。高档标准如江苏省、陕西省规定生均不低于 30 册。在规定生均标准的同时，部分省和地区也根据学生数对图书总量作了规定。例如，安徽省、陕西省规定图书不低于 200 册；福建省、河北省石家庄市平山县规定 20 人以下藏书量不少于 400 册；广西壮族自治区规定，学生数低于 30 人的，不低于 30 人配备。

在复本情况方面，不同省和地区规定存在差异。新疆维吾尔自治区规定图书复本率不超过 12 本，河北省邢台市临城县规定复本率不超过 5 本。贵州省则提出应视学校规模和图书使用频率合理确定配备图书的复本量。

在新增图书方面，部分地方标准提出每年新增图书不少于原有图书的 10%，如安徽省、河北省石家庄市平山县。也有提出每年新增图书不少于原有图书的 5%，如广西壮族自治区、新疆维吾尔自治区。也有规定按生均标准新增图书的，如江苏省、河北省邢台市临城县提出年生均新增图书 1 册。也有提每年新增图书不少于藏书标准的 1%。2018 年后，部分省份，如江苏省、海南省新印发的乡村小规模学校办学标准中，在新增图书规定方面特别强调每年生均新增（更新）纸质图书应不少于 1 本。

在图书种类方面，部分地方标准提出配备或新增图书要适合学生年龄特点。例如，河北省张家口市提出学校要配备适合低年级儿童年龄特点的课外读物和绘本图书。除学生图书之外，学校还要配有一定数量的教学参考资料、工具书、报刊、音像资料和电子读物等。贵州省面向未来发展还提出应配备一定数量的视听设备、音像资料、电子读物。有条件的学校建数字图书馆。

除此之外，少数地方标准还提到了图书使用的要求。例如，河北省石家庄市平山县提出图书应向学生开放。河北省邢台市临城县提出图书配备能支持学生上阅读课，要求学生年人均借阅 12 本次以上；河北省张家口市则提出每年由图书所属学校组织进行对图书的校际间交流使用。

从配置图书数量看，调查中的 3 省 12 个区县总体上仅 25.25% 的学校图书能达到 30 册 / 生，50 人以下的学校按 50 人配置。而在图书的年更新数量方面，仅有 34.47% 的学校每年更新图书册数不低于 100 本。部分县市实地调研发现，乡村小规模学校能提供给孩子们的图书极为有限，且种类单一。实地调研学校有的没有配备图书室或阅览室，极少数学校有捐赠图书并在教室后面设置图书角。而极为有限的图书也较为陈旧，复本率高，且很多图书不适合儿童阅读，只是用来充数。半数以上（56.90%）的教学点认为现有图书并不适合学生年龄特点。学生调查分析显示，在教学点或村小中，希望增加图书类别的学生比例最高，达到 68.22%，尤其是适合小学生阅读的图画书和英语书等。❶

2. 教学仪器设备

对于学科教学仪器设备，由于相对专业和复杂，地方标准中有直接笼统规定要满足教育教学需求，也有直接规定要求符合国家相关标准或省级标准。部分省份和地区则规定按照课程教学需要、学校规模，依据省定标准配备学科专用教学设备、体卫艺器材。还有部分省份和地区专门制定了教学点教学仪器配备的办学标准，如甘肃省兰州市专门研制了《农村小学教学点教学设备基本标准（试行）》。其他的省份和地区在制定地方教学仪器配备标准时则是根据乡村小规模学校的教学需求对仪器、设备器材类型作出具体规

❶ 左晓梅,吴建涛,任春荣.乡村小规模学校教育装备需用好管好[N].中国教育报,2018-11-15（3）.

定。例如，河北省张家口市规定"因地制宜配备必要的少儿活动体育设备器材，如篮球架、篮球、软排球、羽毛球、跳绳、橡皮筋、毽子、实心球和垒球等"。

调研中我们发现，部分县市乡村小规模学校，数学、科学的教学仪器设备陈旧无法使用，音、体、美等相应的设备器材相对不足且破旧，以低成本的器材为主，主要是锣鼓、跳绳、立体几何石膏像等。

3. 信息化设备

对地方而言，乡村小规模学校的信息化设备至少要达到国家"教学点数字教育资源全覆盖"的配备要求，配备多媒体一体机或电子白板、计算机、电视机等现代化信息教学设备。江西省在新出的《乡村小规模学校基本标准》中提出：装配一间录播、直播远程互动课堂、网络教研设备的多媒体教室；普通教室配有多媒体班班通设备、视频展台、扩音系统、教学软件。新疆维吾尔自治区提出的是设备配置要求实现"班班通"。

在出台地方小规模学校标准的多数省份，连通互联网成为必备要求，基本带宽为4MB。新疆维吾尔自治区、吉林省长春市农安县要求带宽不低于20MB。新建乡村小规模学校的部分省份对联网带宽标准进一步提高：海南省要求原则上实现光纤到校，带宽不低于30MB，并优先采用通过当地教育城域网再接入互联网的方式。江苏省、陕西省要求接入带宽不低于100MB。安徽省要求班均出口宽带≥5MB，且学校出口总带宽不低于200MB。

在计算机数量要求上，教师用机基本上要求的是一人一机，学生用机基本上要求的是三年级及以上的学校用最大班额配备。海南省规定有信息技术课程的，计算机生机比不低于 12∶1，且满足上机时人手一机。也有要求低的，如山东省日照市莒县要求开信息技术教育课的教学点学生按 2 人 1 台配备。从"班班通"来看，部分省（区、市）规定要为每班配备多媒体教学设备。有的地方还规定了信息资源库容量，如河北省邢台市临城县要求学校多媒体教学信息资源在 20GB 以上。

对于乡村小规模学校，11 个省 33 个县的校长调查分析表明，需要开设信息技术课的有三年级及以上年级的百人以内学校，没有 1 台学生用计算机的学校比例为 22.75%。对于办学条件中设施设备需求的调查，28.07% 的百人以下学校反映最缺乏信息化设备。仍有接近十分之一（9.27%）的百人以下学校反映没有 1 台教师用计算机。实地调研中，也时常会听到对教师专用计算机的渴求。对 3 省 12 个区县乡村小规模学校的调查表明，能够满足教师人手 1 台计算机的学校比例仅为 51.70%。面对"互联网＋教育"，教师信息化教学技能的提升至关重要，而提升的重要基础条件至少要保障每位教师 1 台计算机。目前，尚有部分乡村小规模学校仍需大力提升教师信息化设备条件的保障水平。

对 3 省 12 个县乡村小规模学校的调查表明，目前乡村小规模学校互联网接入基本能够全覆盖，总体上有互联网宽带接入的学校比例达到 95.59%，12 个区县中 8 个区县都实现了乡村小规模学校互联网宽带接入全覆盖。

已连通互联网的出口带宽不足制约了小规模学校网络在线课堂的顺利实施。校长问卷调查显示：规模较大的学校互联网出口带宽要好于规模较小的学校。已连通互联网的学校中，出口带宽在 10MB 以下（不含 10MB）的百人以下学校为 8.18%。仍有近四成（38.60%）的百人以下学校表示没有可用的数字教育资源。但实地调研发现，由于网络连接、资源本身的配套和适用性、教师的信息技术技能等问题，学校表示可用数字教育资源缺乏。

随着信息化教学在学校的不断推进，学校对无线网络的需求越来越多。总体上来看，69.94%的学校设置了无线网络。12个区县中4个县设置无线网络的学校比例在80%及以上，其中2个县全部学校都设有无线网络。要让乡村小规模学校更好地适应"互联网＋教育"，无线网络全覆盖也将成为学校教育信息化的下一步努力方向。

4. 卫生保健仪器设备

在查阅到的地方标准中，仅有不到一半的省（区、市）对卫生保健仪器设备作出规定。新疆维吾尔自治区要求基本达到国家标准；江苏提出学校应配备必要的急救用品和药物；贵州省、甘肃省兰州市则对卫生保健仪器设备制定了相应的地方标准；贵州省要求达到省定教学点音体美卫器材配置标准；甘肃省兰州市、山西省晋中市则要求达到地方农村小学教学点卫生与健康教育专用教学设备配备标准；河北省石家庄市平山县、福建省龙岩市漳平县、山东省日照市莒县则要求配备所设年级教学需要的卫生保健箱；湖北省要求在宿舍区要配备急救箱。

5. 通用设备

在通用设备方面，地方标准重点强调了课桌椅，要求保障学生人均一套课桌椅。课桌椅要符合《学校课桌椅功能尺寸标准》（GB/T　3976—

2002）。贵州省考虑到课桌椅对学生的适用性，要求每间教室内至少应设有2种不同高低型号的课桌椅。海南省按学生人数配备符合国家标准的可升降课桌椅（凳）。与此同时，地方标准也提到教室的讲台、黑板的配置要满足教学要求。贵州省甚至对于黑板也提出了明确要求：黑板应完整无破损、无眩光，挂笔性能好，便于擦拭。另外，教师的办公设备也是这部分的重要内容。海南省、广西壮族自治区、福建省龙岩市漳平县规定按照教师数配备足够的办公桌椅。广西省同时还要求为教师每人配备一套书架、文件柜，每个教学点应配备至少一台A4幅面激光打印机。海南省要求按照需要为教师配备必要的资料储物柜，每所乡村小规模学校应配备至少1台打印复印机。陕西省规定要为教师和学校管理人员配备打印机等终端设备，以满足教学和办公需要。

对3省12个县所有乡村小规模学校的测算结果显示，八成多的学校满足了教师人均一套办公桌椅，比例为82.77%，还有部分学校基本的教师办公条件都没满足。12个县中，4个县所有学校均达到人均1套办公桌椅的要求。有的县达标比例较低，仅为61.90%。

而满足学生一人一套课桌椅（凳）的学校比例为96.39%，仍有少部分学校连学生基本的课桌凳的学习条件都未能保障。12个县中所有学校都能保障学生最基本的学习条件的有2个县，达标比例最低的1个县学校比例仅80%，还有20%的学校连学生一人一套课桌椅（凳）都未能保障。

办公设备是校长普遍认为信息化设备之外学校当前最缺乏的办学条件，对11个省33个县的校长调查表明，23.70%的学校表示最为缺乏办公设备。对广西省两县的实地调研发现：部分教师反映备课用的计算机老化，是学生用机淘汰下来给教师用的，运行速度很慢且常出故障。一些学校打印复印机比较陈旧，印试卷的速印机不够用甚至没有，教师的办公电话配备不足，特别是寄宿制学校，教师要经常用自己的手机来联系家长或者给孩子用。校长问卷调查分析显示，乡村小规模学校在教学仪器设备配备上除了应考虑教学相关设施，还应配置相应设备。除照相机外，其他相关设备的需求比例都在一半以上，其中有 72.71% 的学校表示需要配置摄像机，59.59% 的学校表示需要配置复印机。

6. 生活及安全设施

一是饮水和取暖设施。几乎所有出台的地方标准或相关文件的省份和地区都要求配备饮水设施，确保学生饮水安全便捷。海南省、陕西省、安徽省等地就学校用水作出规定：应保障用电及符合卫生标准的供水，设置开水房或安装饮水设施，确保教学、生活及安全需要，确保饮用水安全。贵州省要求提供冷热饮用水，河北省石家庄市平山县提出安装饮水设施（电加热式保温桶）。对于有取暖需求的黑龙江省、河北省要求建设完善取暖设施，确保安全可靠。河北省石家庄市平山县提出可安装小型取暖炉或电暖气等。

二是对寄宿学生提供的生活条件。湖北省、广西壮族自治区提出对有寄宿生的教学点要实现寄宿生"一人一床"。湖北省还要求寄宿制学校应设置淋浴设施，寄宿制学校或供餐学校要具备食品制作或加热条件，满足学生就餐需要。河北石家庄平山县也提出有条件的教学点要建设独立的浴室，购置太阳能热水器等，为师生洗浴提供方便。

三是对教师提供的生活条件。河北省石家庄市平山县提出教学点要提供教师生活、做饭用的电磁炉、电热锅、炒锅等必需品；吉林省长春市农安县提出教师宿舍的"五有"标准，即有床、有计算机、有衣柜、有办公桌和有电风扇。食堂设备设施的"五有"标准，即有冰箱、有保鲜柜、有厨台、有橱柜和有厨具。

四是配备必要的校园安全设施。极少数地方标准对安全设施提出明确标准。安徽省、广西壮族自治区、贵州省、甘肃省兰州市等地提出要装设必要的安全设施。其中，广西壮族自治区提出具备条件的小学教学点可配备由乡镇中心小学和村完全小学通过教育城域网或互联网监控教学点校园安全和日常工作的带报警功能的监控设备；贵州省则规定校园安防及视频监控系统包括若干标清红外摄像头、监视器、计算机主机、视频信号传输网络等，以每套监控系统配备8个摄像头为标准，可根据办学规模增减摄像头及网络传输和存储设备。甘肃省兰州市提出校园安全设备包括消防设施、安全防范器械和紧急报（预）警装置，校内、楼内和相关室内配置消防设备、应急照明设备，设置疏散标志。海南省规定应在校园主要出入口、宿舍安装一键报警装置，门卫值班室应配备必要的防卫性器械和报警、通信设备。

调查中发现：在饮水水源上，百人以下学校自备水源的比例为47.37%，仍有3.51%的学校没有水源。29.82%不能提供热水。对3省12个县所有乡村小规模学校的测算结果显示，占六成多（66.93%）的学校配备了饮水机。12个区县中2个县的所有小规模学校都配备了饮水机，配备饮水机的学校比例最低的一个县仅为33.33%。仅有极少数学校配备了大型净水器，比例为4.6%。在所有学校中，既没有网管供水也没有大型净水器的学校比例为

37.68%，绝大多数集中在中部县（这些县小规模学校数量较多），均有一半左右的学校既没有网管供水也没有配备大型净水器。

洗浴热水设备是保障教师在校住宿的基本生活条件，但这一指标的实际配备情况不容乐观。对3省12个县所有乡村小规模学校的测算结果显示，表示有洗浴热水设备的学校比例为26.45%。在这些有洗浴热水设备的学校中，表示够用的学校比例为87.88%。分区县来看，西部3个县所有学校都没有配备洗浴热水设备。有洗浴热水设备的学校比例最高的一个县为72.63%，最低的仅为7.69%。在有洗浴热水设备的学校，有4个县表示全都够用。而表示够用比例最低的一个县比例仅为33.33%。有65.93%的学校表示有冰箱。有冰箱学校比例最高的一个县为89.33%，有一个县表示所有学校都没有配冰箱。

按规定应供暖的地区百人以下学校都有取暖设备，以独立供暖为主。教室内生火炉的比例达到46.60%，学校小锅炉供暖的比例为10.68%，电暖气、空调、电锅炉和碳晶板等电暖比例38.83%，地热、集中供暖等仅1.94%。百人以上学校教室内生小火炉的比例也达到15.85%。实地调研这些地区学校时，教师和学生也反映了教室内生火炉方式的安全和教室环境卫生问题。在供暖方式选择上，农村学校提高清洁能源设备的供应应纳入政府考虑范畴。

（五）教师队伍建设要求

从地方已有乡村小规模学校标准来看，教师队伍作为重要内容，结合乡村小规模学校的特点和个性化需求，分别从教师数量配置、教师能力要求、教师交流、教师培训与教研等方面做了相关规定和提出了明确要求。

1. 教师数量配置

对于正常规模的中小学校的教师配备，有统一的小学、中学的生师比国家标准。对于乡村小规模学校，应该配多少教师，依据什么来配备，地方标准中对于乡村小规模学校教师配备标准的表述，主要有以下三种情况。一是笼统性的表述，如安徽省提出按教学点规模和课程开设需要来配备教师；广西省、甘肃省兰州市则提出要结合实际需要，科学配备教职工。二是根据不同的学生规模确定相应的教师配备，如福建省规定在校生在31~200人的学校按班师比1：1.7配备教师，在校生在10~30人的至少配备2名教师，在校生在10人以下的至少配备1名教师。陕西省则提出在遵照1：19的基本编制标准基础上，结合实际，县级教育部门在核定的编制总额内，按照班额、生源等情况统筹分配各校教职工编制，并按照学生数19名以内的、学生数20~56名的、学生数57~100名的，每个学校分别增配1.7名、1.5名、1名教师。三是规定小规模学校或教学点的班师比标准，如新疆维吾尔自治区、湖南省、青海省规定原则上一个教学班配备2名教师，江西省、河北石家庄平山县则规定每班不少于1.5名教师。四是明确按照生师比与班师比相结合的方式配备教师。如江苏省、广东省等地提出对小规模学校要按照生师比与班师比相结合的方式核定编制。

另外，因为学生少，教师数量普遍不足。一方面，为了开齐国家规定的课程，对于音乐、体育、美术等紧缺学科，地方标准都提出了相应的机制。海南、江西、新疆等省（区）提出将中心学校和小规模学校教师作为同一学校的教师"一并定岗、统筹使用、轮流任教"，音乐、体育、美术和外语等专业教师可采取走班教学形式。另一方面，个别省对于小学教学点专任教师外的教职工配备提出要求，海南、新疆等省（区、市）要求每所学校应配备1名少先队辅导员。广西壮族自治区指出结合实际，配备小学教学点必要的教辅人员，生活管理员、炊事人员、安全协管员等工勤人员，采取向社会购买服务等形式解决。新疆维吾尔自治区提出保安人员的配备、培训、管理和经费保障等，按照自治区中小学、幼儿园保安人员配备工作有关规定执行。

实地调研结果反映出整体上乡村小规模学校教职工数量的不足。西部A省实地调研的两个县，在城乡学校编制标准统一后，学校的教职工数量多数达不到国家标准，由于政府财政供养的人员只减不增的要求，两个县教师数量不足问题解决难度都比较大。调研中，家长们反映最突出的问题也是教师数量不足问题。因此，对于现有的教师，工作量就相对比较大，长期的高负荷工作导致很多教师处于亚健康状态。

从生师比来看，乡村小规模学校教师配置虽已超出省定生师比标准，但人手仍明显不足。例如，中部的A市，尽管在教师配置上已经对乡村小规模学校有所倾斜，超出省定生师比标准。50人以下的学校，实际生师比为7.4∶1；班师比达到1∶0.977；50~100人的，实际生师比为14.7∶1，班师比达到1∶1.36；100~200人的，实际生师比为14.4∶1，班师比达到1∶1.61。但实际上教师除承担一科甚至多科教学任务外，同时还承担了大量的管理工作。

教师编制的遗留问题影响乡村小规模学校的教师配置。例如，实地调研中我们发现，在中部B省由于编制部门一直沿用2004年的教师编制，且核编到校。在学校学生数变动时，县级部门无法在学校间调配教师，统筹解决这个问题。

乡村小规模学校的教师编制还存在被挤占现象。部分县中心学校人员、附设学前班的部分教师也占了原本就不充足的农村小学教师编制。实地调研中，东部 A 省某校小学部分有 13 个编制教师，还有 12 个编制被幼儿园占用。

2. 教师能力要求

总的来说，对于乡村小规模学校的教师要求，也要实行教师资格准入，同时学历也要达到国家对小学教师的规定要求。除此之外，安徽、湖南、青海等省还具体提出，乡村小规模学校的教师要具有全科教学能力和小学一级以上技术职称。河北石家庄平山县还要求教师责任心强、教学水平高。

3. 教师补充和交流要求

地方标准中对于乡村小规模学校的教师补充提出，一方面要优先免费师范生和特岗教师到教学点任教，如辽宁省、湖北省；另一方面提出新上岗教师先到村小或教学点任教，如黑龙江省、吉林省长春市农安县等地。除此以外，广西壮族自治区提出要"拓展小学教学点教师补充渠道，探索通过公开招聘、特岗计划、定向培养、学费代偿等多种方式，配备教师，重点补充农村、边远、贫困和民族地区教学点教师，优先保障小学教学点教育教学需要"，四川省广元市、湖北省提出定向培养能够承担小学各门课程教学任务的全科任务。

多数省份和地区提出通过支教、交流来补足和提升乡村小规模学校的师资。湖南省、青海省提出要建立中心校教师与教学点教师交流轮换制度。黑龙江省、四川省广元市提出城镇教师到农村学校支教。

在实地调研中，部分地区教育行政部门普遍反映乡村小规模学校的教师补充困难。农村小规模学校虽然编制充足，但教师补充困难。湖北宜都市县级教育行政部门座谈过程中反映，有编但补不上的问题最为突出。现在农村中小学所招聘的非师范专业师资由于职前培养（包括教学法、心理学等）缺乏，新教师教学能力亟待提升。

与此同时，各地也积极探索创新教师补充方式，提供了有效的可借鉴的经验。湖北省恩施市人社局、教育局出台《关于创新人才特区工作体制机制的意见》（恩市发〔2014〕6号）。2014年以来，恩施市连续三年为边远乡镇村小、教学点定向招聘教师44名。这些教师在聘期满5年后可以进入正式教师编制，可以在全市乡镇范围内交流。吉林省农安县打破校际界限全乡共享，一体化配置师资，实行乡镇教师到村小、村小教师到乡镇的轮岗制，新补充教师原则上先到村小任教。吉林省农安县实行骨干教师、高级教师服务期制度，评选乡级以上学科骨干教师，晋升高级教师要有在村小2年以上的教学经历。

实施农村小学全科教师定向培养计划。广西壮族自治区立足农村教师素质需求，定向招录一批初中、高中优秀毕业生，分别按照5年制、2年制专科层次小学教育专业培养方案，培养一批既能适应基础教育改革发展和全面实施素质教育需要，又能承担农村小学各门课程教学任务的全科教师，定向师范生在校期间享受免费教育，毕业后按协议定向就业。2013年到2017年，广西壮族自治区共培养了5000名左右能胜任小学各门课程教学任务的农村小学全科教师，进一步优化农村教师队伍结构，提高农村教育质量。湖北省恩施市按照"指标到县、分配到校、定向招生、定向培养、合格聘用"的模式，招收建档立卡贫困户家庭的高中毕业生，通过在恩施职业技术学院接受三年定向委培，充实到农村教学点任教。2016 年、2017 年已分别招录小学农村全科教师 30 名、45 名，三年学业修满后，将成为农村教师队伍的新生代。

4. 教师培训与教研

作为容易被忽视的边缘群体的小规模学校的教师，多数省份和地区都提出，加强教学点教师培训。就培训内容而言，有笼统地要求提高素质和能力的。海南省、广西壮族自治区提出要重点培训小规模学校教师的教学能力和"一专多能"全科素养，进一步提高综合素质和专业水平，优先保障小规模学校教师到城镇学校跟岗实习。四川省广元市则鼓励农村小规模学校自主订单式培训骨干教师。甘肃省兰州市提出加强对教学点兼任教师学科专业技能培训。

校本教研制度对小规模学校也很重要，湖南省、青海省、甘肃省兰州市等都提出要建立校本教研制度。由于小规模学校教师数量较少，部分省（区、市）提出建立小规模学校连片教研机制，将其纳入所属学校和学区组织开展集体备课、教学研讨，推动优质资源共享。海南省提出乡村小规模学校应积极组织和参与教研活动。乡镇中心校要组织开展集中备课、巡回教学、技术支持等制度，开展连片教研活动，推动资源共享，提高乡村小规模学校的教学质量。乡村小规模学校被纳入乡镇中心校开展教学研讨，按时参加乡镇中心校组织的集体备课、公开课、连片教研等活动。

部分地方对于教师的研修活动提出了具体明确的要求，江苏省规定每月由乡镇中心校为学校组织开展 2 次以上的教研（备课）或优质课展示活动，至少有 1 位乡镇中心校的骨干教师到校指导教育教学工作；要求每年安排每位教师参加至少1次的乡镇以上业务培训和教研活动，定期安排教师到城镇学校交流轮岗或跟岗学习。甘肃省兰州市对小规模教师每学期参与教研活动、公开教学、集体备课、听评课的最少次数，同时还鼓励教师开展应用性课题为主的教研活动，20%以上教师承担县区个人小课题研究。河北省邢台市临城县提出坚持名师教学点送课和校长听评课制度，主管校长每学期教学点停课不少于20节，每周巡查教学点不少于1次。

一方面，从培训机会的分配来说，乡村小规模学校教师能够参与高层次培训机会和次数少。11个省33个县的问卷调查分析表明，与乡镇中心校相比，乡村小规模学校教师近三年参加各种培训的机会与时长均较低。没有参加国培计划的比例为64.40%，不足7天的比例为11.52%，7~10天的比例为10.58%，10天以上比例为13.51%。另一方面，由于乡村小规模学校的教师配置不足，导致教师出去参与研修活动难度大，更别提脱产培训了。教师教学任务重，全天候包班工作，还有一定的行政事务，其参加的国培主要以网络授课为主。对乡村小规模学校的教师而言，他们更希望能够参加面授、教研，也希望在假期能够走出去学习，能及时了解和学习先进的教育教学理念。

5. 教师倾斜政策

为了更好地留住小规模学校的教师，部分省（区、市）提出要在教师评优、晋职、绩效考核等方面予以倾斜，同等条件下优先推荐。连片贫困地区要认真落实乡村教师生活补助政策。吉林省长春市农安县给予小规模学校教师无微不至的人文关怀，要求路途远的村小教师，中心校要安排统一免费车接车送；家不在本地的教师，学校要统一建食堂、宿舍、免费吃住。

（六）课程与教学相关要求

1. 课程开设

在课程开设方面，乡村小规模学校也要按照国家和省（区、市）颁布的课程方案和课程标准开齐开足课程；与此同时，鼓励小规模学校结合地方特色和农村生活实际开发学校课程资源。吉林省长春市农安县为了提升课程开设质量，打破年级界限、学科界限，整合重复的课程，减掉交叉的课程，汇编村小综合课程读本，同时不断提升具有乡土特色的三级课程体系，通过成立各种兴趣活动小组，满足学生多元需求。

2. 课程实施创新

除了集中上课的班级授课制，部分省份和地区提出小班化教学、复式教学等教学策略。海南省提出要鼓励积极推动教学改革，创新教学形式，开展个性化教学和辅导。甘肃省兰州市提出部分课程可采用复式教学形式。福建省龙岩市漳平县规定：美术、音乐、体育等学科，允许不同班级合班进行复式教学或统一教学，但要注意整合各年级的教材，选择适合的教学内容，体现教学的分类要求。甘肃省平凉市要求试点推行个性化教学。吉林省长春市农安县提出，要全面推行小班化教学，结合实际探索小班化教学策略；根据教学内容编排学生的座位，便于小组自主、合作、探究学习，拉近师生距离，采取网络式、茶馆式、对话式教学。

部分地方和学校结合乡村小规模学校学生少这一特点，推进探索了小班化教学、复式教学等教学方式；与此同时，针对教师兼任多门学科的普遍现象，全科教学、跨学科教学也将成为乡村小规模学校教师的一项重要能力。浙江省杭州市教育行政部门重视在农村小规模学校开展小班化教学研究，因势利导，通过小学科上大课，加强个别辅导，培养学生个性特长。甘肃省平凉市根据小班额优势，着力开展个性化教学，坚持以学生为中心，体现"个性化学、定制化教"教学理念和"一生一策、精准施教"教学策略，实现"面向每一个，关注每一个，发展每一个"的培养目标。甘肃省部分区县在专家团队的引领和指导下推进"同动同静"复式教学模式的实践探索，取得了良好的效果，不仅提升了教学效率，也改善了学生的学习效果。

11个省33个县的问卷调查结果表明，中心学校以外的乡村小学实施全科包班教学的比例较高，超过55%。乡村小规模学校教师兼教三门及以上学科的比例高达47.23%。教学点的教师选择"同一个班级的数学和语文"和"跨年级的数学或语文"的比例更高。《国务院办公厅关于全面加强乡村小规模学校和乡镇寄宿制学校建设的指导意见》（国办发〔2018〕27号）明确倡导：适应一些乡村小规模学校教师包班、复式教学需要，注重培养一批职业精神牢固、学科知识全面、专业基础扎实的"一专多能"乡村教师。这种全科教学能力在于教师在兼教多门学科的过程中，敢于打破学科界限，并运用其他学科的知识和手法丰富单学科教学。甘肃省重视乡村小学全科型教师培养培训工作，各地不断加大支持力度：一方面，每年安排一定数量的乡村小学全科型教师定向培养计划，包括本、专科层次，确保补充到乡村小规模学校和教学点任教；另一方面，每年按照"分步骤、按计划、分类别"、线上线下相结合的方式，统筹安排乡村学校在职教师参加半年专业培训，使其具备小学多科教学的基本能力。

3. 注重实施素质教育

多数省和地区都指出乡村小规模学校应重视体育、卫生和艺术工作，保证学生每天 1 小时的体育活动时间，通过相关课程及其他形式的活动，增强学生体质，培养学生健康审美情趣。甘肃省兰州市对乡村小规模学校的体卫艺教学提出了具体要求。例如，保证学生每天 1 小时体育锻炼时间，学生基本掌握两项体育锻炼技能；开展心理健康教育；定期组织学生体检，指导学生科学用眼，常见病发病率、视力不良控制率控制在标准范围内；学生掌握课程标准要求的审美知识和技巧，初步具有感受、欣赏自然美和艺术美的能力，学生掌握一项艺术技能。海南省、福建省等地提出对学生进行理想信念教育、社会主义核心价值观教育、中华优秀传统文化教育、生态文明教育和心理健康教育，要因地制宜开展劳动教育，培养学生发展核心素养，增强社会责任感、创新精神和实践能力。

4. 学生活动

尽管乡村小规模学校的学生人数相对较少，组织学生活动相对有难度，但多数地方标准对乡村小规模学校的学生活动组织和开展提出了相应指导。海南省、湖南省、广西壮族自治区和青海省提出"有条件的教学点，应单独举办或参与中心学校每学期举办的大型文体、科技活动，拓宽学生视野，启迪学生思维，培养学生的创新精神和实践能力"。甘肃省兰州市具有一定的前瞻性，从劳动教育、科技创新教育、课外活动和兴趣活动等方面对乡村小规模学校的学生活动作出了指导；同时要求乡村小规模学校积极参加所属学校组织的各项活动，共享教育教学资源。甘肃省平凉市也提出，要创造条件，开展中心校与小规模学校师生联谊活动，促进校际间文体交流。

（七）学校管理

就乡村小规模学校的管理而言，主要包括两大方面：中心校对村小和教学点的管理职责；村小和教学点的规范办学和常规管理。安徽等省明确指出，教学点隶属当地中心学校管理，要明确教学点负责人，负责教学点日常管理；中心学校要发挥指导和管理作用，统筹配备教师，可采用巡回教学、联校走教、连片教研、同步远程课堂等方式，帮助教学点开展教学教研活动。海南省明确乡村小规模学校明确隶属中心学校管理，乡镇中心校和所属小规模学校实施一体化管理和捆绑式考核，实现协同式发展。强化乡镇中心校对乡村小规模学校的统筹、辐射和指导作用，统筹安排乡村小规模学校师资、课程、教研及评价等活动，建立健全乡村小规模学校工作规范和良好的教学秩序，整体提升乡村小规模学校教育质量和管理水平。江苏省也提出：乡村小规模学校要在党的建设、教师配置、课程教学、教研备课和考试评价等方面与乡镇中心校实行统一管理、一体化运行；部分地方标准强调选拔具有管理能力和经验的教师担任教学点负责人（校长），如湖南、青海等省还进一步规定"教学点负责人享有乡镇中心学校中层干部待遇"。除此以外，黑龙江省提出将教学点纳入县域教育整体规划、建设、投入和管理体系之中。吉林省长春市农安县提出把村小纳入全县统一监测、抽测、评价体系当中，实行捆绑评价。

各地现实情况比较复杂，多数中心校更多承担了原来乡镇教办的职责，是一级管理机构，管理全乡镇所有独立法人或者非独立法人学校。中心小学承担本校教学任务及本校附属村小教学点的管理工作，其他完全小学、村小教学点等则由中心校管理。有的地区还在中心校外设了实体或非实体的学区，少部分地区的小规模学校统一由教育局管理。目前，各地乡镇教育管理机构设置可谓五花八门，如教育办、中心校、学区……虽然名称各异，没有行政管理编制，却都有专门的管理人员在县教育行政部门的直接领导下，开展对乡村小规模学校的教育教学管理工作。从管理上来看，村级学校的各种教育资源包括教师都是中心校负责调派的，因为乡村小规模学校处于较为边缘的位置，管理者指出在小规模学校中，优质的教学资源难以发挥应有的作用，因此更多的资源留在了中心校。这也导致乡村小规模学校的外部支持力度低，缺乏公共教育资金，上级管理者易忽视，乡村小规模学校的资源配置处于弱势。

11个省29个县的调查分析表明，小规模学校的管理体制呈现多样化。小规模学校属于中心校管理的有19个、属于中心小学管理的有6个、属于片（学）区管理的有2个、属于中心小学和片（学）区双重管理的1个。中心校（小学）管理小规模学校的优势在于，区域内学校统一规划建设、统一教师资源配置、统一考核评价，实现牢固的捆绑发展，能够实现区域内所有学校教师优质资源、课程建设、教学研究和学校管理成效等共享，构建稳定的学校发展共同体。与此同时，在现实中，中心校的管理模式也存在以下缺点：一是中心校会采取各种手段截留乡村小规模学校的公用经费；二是中心校既当裁判员又当运动员，难以做到管、办、评分离；三是随意借调教师，致使村小和教学点不得不使用代课教师或临聘教师。因此，对村小教学点上级管理单位的行为进行约束非常重要。

而就学校管理者队伍而言，经过十多年的"撤点并校"，乡村小规模学校长期处于边缘状态。工作生活在这种环境下的乡村小规模学校的校长们，最突出的就是处于被动，具体表现：认识上无奈，认为自己学校的现状是城镇化进程及农村现状带来的必然结果，个人无力改变；行动上应付，认为自己是在"维持""守摊"，执行好上级领导的指示就可以了。有调查❶表明，乡村小规模学校校长呈现年轻化趋势，年轻的校长在学校领导管理中心存在不足：一方面，这些年轻校长的教育理论功底较薄弱，专业发展还处于初始期，不是很成熟。另一方面，这些校长大多数是从教师培养起来的，几乎没有接受过校长岗位培训和关于学校领导与管理方面的系统培训。就校长的专业素质而言，一是乡村小规模学校校长对学校传统和实际、学校办学理念及办学特色的理解和认识还不够，对规划学校发展方面的理解与认识不够深刻，学校发展定位不明确，也缺乏发展目标。二是乡村小规模学校校长在规划学校发展方面缺乏想法与实操经验，在营造良好育人环境方面，缺乏资源统筹与应用意识，在学校文化建设方面缺少理论构建与支撑。他们往往对本校教师发展很关心，但在校本教研、建立健全教师专业发展机制方面推进困难。此外，就校长领导力而言，有调查表明，乡村小规模学校校长领导力水平较低，尤其是对比非小规模学校整体偏低。❷

---

❶ 王浩熙 . 甘肃省 W 县农村小规模学校校长专业发展水平的调查研究 [D]. 成都 : 西南师范大学，2017.

❷ 耿雷 . 农村小规模学校校长领导力研究——以安徽省 L 县为例 [D]. 安徽 : 淮北师范大学，2018.

部分省份对于乡村小规模学校的外部支持也提出了相应的要求。如海南省提出要加强外部支持。教育督导部门要为每所学校配备责任督学，对学校实施每学期不少于 2 次的经常性督导；乡镇中心校教研人员至少每月到校指导 1 人次；电教机构应加强对小规模学校的支持力度，保障小规模学校教学仪器设备能使用、教师会使用；同时建立中心校和小规模学校之间的资源共享机制，支持小规模学校开展校内外教育活动。

在规范办学和常规管理方面，部分省（区、市）提出教学点应依法依规办学。新疆维吾尔自治区提出全面贯彻党的教育方针，全面实施素质教育；四川省广元市提出全面落实《义务教育学校管理标准（试行）》（教基—〔2014〕10 号）。在常规管理方面，部分地方标准从学生作业布置与批改、教学计划、学生辅导、考试等方面作出了具体规定。福建省龙岩市漳平县甚至规定了结果性的标准：片区内小学适龄儿童均能按法定时间全部入学，学龄人口入学率达 99.9% 以上，年辍学率控制在 0.5% 以内。教育教学质量达到基本要求，学生期末考试学科及格率和优秀率均达到市教育局规定的要求，全科及格率达 70%。

三、地方教学点办学标准内容述评

在"乡村小规模学校"这一政策用语推出之前，在一些地方的认知里，要关注的义务教育发展的短板就是教学点，而随着农村小学学生规模的不断减少，不断又有村小成为乡村小规模学校。在一定程度上，乡村小规模学校不仅要关注之前的教学点，同时也要关注村小，尤其是不足百人的农村小学。随着国务院《关于全面加强乡村小规模学校和乡镇寄宿制学校建设的指导意见》（国办发〔2018〕27号）的出台，部分省（区、市）也将不足百人的村小和教学点统称为乡村小规模学校，并直接出台乡村小规模学校办学标准。

（一）已有的教学点或乡村小规模学校办学标准对办好的保障力度不足

从标准出台的情况看，仅有10个省份发布了专门的教学点或乡村小规模学校的办学标准或指导意见，部分还未试行；还有些地市和区县研制了相应的标准，但字数普遍不多。很多关键性的指标和标准规定相对笼统和模糊，有的标准仅对内容提出要求，缺乏具体配备标准规定和要求；甚至有的维度指标内容比较含糊，缺乏明确的操作性。另外，地方标准中所提的配备标准过低或过高并存，缺乏进一步的论证，容易达成或不好达成。如何在满足现有办学需求与面向未来高质量发展需求之间科学地制定合理的配备标准，仍需要进一步研制和测算。

（二）教学点办学标准上升为乡村小规模学校办学标准需要完善

国家政策要求办好必要的乡村小规模学校，怎样才算是办好这一标准需要明确。从政策导向上看，国家层面或地方要出台办好乡村小规模学校的办学标准，可以基于之前的教学点标准。但由于教学点不完全等同于乡村小规模学校，故之前的办学标准就需要考虑教学点之外的村小的办学需求情况。

与此同时，需要在乡村振兴大背景下对乡村教育定位的前提下进一步明确乡村小规模学校的功能定位及未来发展，并以这一功能定位为依据，全方位考虑乡村小规模学校办学标准的核心要素和内容规范。

（三）需要进一步明确办学标准的导向

应根据国家政策要求，对如何办好乡村小规模学校作出明确的规定。一是要明确乡村小规模学校的指向，如不足 100 人的村小或教学点。二是要重视时代特点，面向未来。办好乡村小规模学校作为乡村振兴的重要组成部分，要考虑到其服务的广大人民群众（有些甚至为 20% 的社会底层）对优质教育服务的需求也在不断提高。乡村小规模学校办学标准要考虑基本信息化环境和条件的满足，考虑到学生核心素养和关键能力培养的需要等。三是办好乡村小规模学校要有效益意识，包括经济效益和社会效益，尤其要重视社会效益的提升。对于办学条件配备标准，既要考虑已有条件的充分和创新性应用，也要考虑可持续发展的需求，避免造成浪费。此外，要有开放意识，要与美丽乡村建设、农村基建等统筹考虑，相互支持。在课程上重视乡土文化，在教学过程中加强社区资源的引入，培养学生的乡村文化认同，热爱家乡情怀。

值得肯定的是，在国家尚未正式出台乡村小规模学校办学标准之前，各地提早探索并出台或笼统或具体的办学标准，对于保障各地现有乡村小规模学校的基本条件、规范办学和管理等方面提供了遵循和引导，也为国家推出指导性意见奠定了较好的基础。随着城镇化的进一步推进，2022 年末全国常住人口城镇化率为 65.22%。当年教育事业统计公报显示，在园幼儿数量连续下降，较上年减少 177.66 万人，全国小学在校生 1.07 亿人，近年来首次出现下降。乡村学校规模还会进一步有所减少，对于这些乡村小规模学校，在乡村振兴背景下如何定位，到底该怎么办及怎么办好等，在提高投入效益、保障农村高质量义务教育等方面做到更好和更平衡，在国家层面，我们还需要组织相应的专家团队进行深入扎实的研究和论证，出台国家层面的指导性文件，作为地方出台标准的重要指引。

第七章 义务教育办学标准的国际经验

世界各国为促进义务教育阶段办学条件、办学水平的标准化和均衡化，均以法律法规、政策建议、指导意见等形式规范了中小学建设标准。发达国家和地区，以及中等发达国家的办学条件因教育管理体制不同，对办学条件作出权威规定的并不多。一些国家和地区以区域性标准指导学校办学标准建设。

一、国外义务教育学校办学标准相关情况

不同国家和地区对于学校办学都提出了相应的规范和要求，分析和梳理不同国家和地区对于办学标准的内容和标准界定，能够为我国义务教育办学标准的研制提供重要参考。

（一）美国基础教育阶段学校办学标准情况

美国基础教育（从幼儿园至 12 年级）是一种联邦制体系，包括三个层次：联邦、州和学区。美国宪法规定基础教育是州政府的责任，如制定政策和

负担经费，因而美国义务教育阶段公立学校办学标准一般由学区制定。州政府制定办学标准指南，但只提供一个大体框架，同一级别的学校标准是一致的。其义务教育公立学校办学标准主要包括硬件标准与软件标准，即校舍、仪器设备与图书、师资配备等。提出办学申请的法人单位，必须要达到学区教育委员会规定的办学标准，具体包括开设学习科目；责任制与学生服务；预算、财务管理；人力资源管理；信息技术、安全、办学设施等。美国并未对中小学校建设进行统一化，其教学关注点主要在教学方法、教学内容和教学目的。

美国教育部声称"所有的州和学校都将对所有孩子的成就和责任制定具有挑战性和明确的标准，以及达到这些标准的有效策略"。美国发起共同核心州立标准倡议，由全美州长协会（NGA）和州首席学校管理者委员会（CCSSO）协调讨论创建，推出了 K–12 年级数学与英语通识两个基础学科的课程标准体系。课程标准包括简介、内容标准和附录三大主要部分。英语标准全称为"共同核心州立英语语言艺术标准"，包括语言艺术、文学、历史、社会学、科学和技术多种学科课程标准，是一种综合性、跨学科的课程标准体系，具有连贯性和统整性。核心标准的目的在于让所有的高中生为大学生活和就业做好准备。

除了共同核心州立标准，国家层面也出台了相关标准，如艺术的标准、语言艺术的标准、数学标准、体育与健康标准、科学的标准、社会科学标准、技术标准、商业教育国家标准（NBEA）、教育领导政策标准（CCSSO）、学前——12 年级学生 ESL 标准（TESOL）、资优计划标准——12 学前班（NAGC）、学生学习信息素养标准（ALA）、家长 / 家庭参与项目国家标准

（PTA）、学校辅导员 ASCA（道德标准）等。这些标准作为推荐性标准，各州学校可自愿参照执行。

（二）英国基础教育阶段学校办学标准情况

1. 出台校舍相关标准

20世纪之初，英国便出台《英国小学校校舍新建筑条令》。条令中处处围绕"儿童发展需求""有益于教学"。建设小学新校舍要考虑"招收儿童的数量"，随儿童的年龄特点，相应布置。建筑式样须参考地方教育者的意见。另外，校舍也要能够"保学生之安全"。英国教育部 2015 年发布《校舍标准意见》（*Advice on standards for school premises*，以下简称《意见》），分别从盥洗室及洗浴设备、卫生保健、健康安全与福利、声音、采光、供水、户外空间和其他要求等方面做出规定和提出要求。对于校舍的规定和要求的重点：一是允许学校在使用这些条件方面有更多的弹性，能够灵活使用；二是所有的规定或要求必须是"适合的"，必须考虑学生年龄、数量、性别及任何特殊需求，尤其是每一方面的条件中都特别强调了残疾学生的特殊需求。

如盥洗室及洗浴设备，首先要明确为学生的使用提供适合的盥洗室和洗浴设备；其次要明确不同年龄学生的设置要求，对于 8 岁以上的学生要求学校要分性别独立设置，而对于 11 岁以上的并且有体育课的学生则要提供适合的更衣室和淋浴设备。与此同时，关照到为残疾学生单独设置。在数量规定方面，《意见》并没有设定底线要求，而是按照不同年龄段来规定数量标准：如 5 岁以下，厕所和洗手盆的设置可以是 10：1，即 10 名学生共用一个；5~11

岁可设置为 20∶1；11 岁以上可设置为 20∶1，但在洗浴设备公用的地方要设定洗手盆可减少的数量范围。

《意见》中对于学校校舍建筑的"声音"提出了相关规定和要求，包括保证好的声音质量、尽可能少的噪声干扰。普通教室和其他专业教室（如音乐教室、录音工作室等）对于声音条件的要求也略有差异，专业教室要求更高，个别教室还需要兼顾听障学生的需求。

在采光要求中，除了教室及内部空间的采光条件，还包括外部光照。强调有利于师生进行良好视觉交流的光线；所有教学空间的采光要优先考虑自然光；所有教育教学活动都要确保学生用眼舒适，避免用眼紧张；要提供易用的采光控制等。

另外，《意见》中也对户外空间作了规定，要确保学生适合的户外空间，以满足学生的课程教学需要、学生户外活动需要。

2. 以学业成就为核心的教育质量标准

英国中央层面的教育、儿童服务及技能标准局（Office for Standards in Education, Children's Services and Skills）对英国的教育行政决策和教育管理事务发挥着广泛而重要的作用，英国教育标准局（Ofsted）的主持人是由教育大臣任命的皇家总督学。Ofsted 注重以学生成就为核心的教育质量标准体系。反映学生成就的教育质量标准主要涉及以下几方面。

（1）学生学业质量标准。根据该标准，在学生学完每个义务教育阶段的课程后要进行学业成绩测评，测评科目主要是英语、数学、科技知识三科，其目的是评价学生学业成就质量的优劣。

（2）教师专业标准。根据该标准，学校要对教师进行测评，从而不断提高教师的专业水平，以保障学生的学业成就质量。

（3）国家课程质量标准。根据该标准，Ofsted 要对 7 岁、11 岁、14 岁、16 岁学生各门课程的学业成绩进行检查，检查方法包括任课教师对学生所做的形成性测评和 QCA（教育质量局）组织的全英统一终结性测评。

（4）学校质量标准。英国教育的首要目标是提高学生的成就，学校系统改革的关键不在于结构变化而在于关注学生的成就标准。因此，学校质量标准仍然包括如下内容：①学生学习质量，课堂获得的知识和胜任学习的能力；②学校效率，即学校是否充分利用了资源；③学校总体质量标准，反映学生纪律、文化、精神和道德发展情况；④教学质量。

英国基础教育标准化的一个显著特点是目标取向。所谓目标取向是指政府仅对通过教育使学生所应达到的目标进行标准制定，而对可能达成这一目标的各种条件几乎都不进行标准规定。❶

（三）俄罗斯义务教育阶段学校办学标准情况

俄罗斯为保障普通教育阶段的公立学校制定了《俄罗斯联邦普通教育机构教学过程及设备标准》《俄罗斯联邦普通教育机构卫生保健标准》等一系列的办学规范，提出了最低保障数据。俄罗斯公立中小学学校在建校前要进行国家评估，合格后颁发教学许可。评估项目包括校舍建设，卫生、保健设

---

❶ 艾伦，潘登宇，张鹏．标准化的目标取向与条件取向——英国教育标准对我国教育装备工作的启示 [J]．中国现代教育装备，2016（4）：5-10.

施，教学设备，师资水平和学校的编制，以及教学方案实施、教学大纲、班组设置与毕业生素质等方面。俄罗斯对中小学学校的国家评估每五年进行一次。

（四）韩国义务教育阶段学校办学标准情况

韩国实行九年义务教育制度，小学六年、初中三年，实行就近入学原则。在韩国，从小学到大学的各个教育阶段都存在私立学校。韩国在教学设施、师资、财政投入等方面各个学校标准一样，基本不存在由于学校办学条件不同而带来的择校现象。

韩国教育部制定了义务教育学校最低办学标准，制定了相关法律规定学校必备的建设用地，以及必备校舍等其他设备。为了使中小学校舍更趋标准并提高学校建筑设备的质量和使用效率，韩国教育部在 20 世纪 80 年代先后制定了四种标准设计图，供建设学校时使用。韩国的办学设施追求简单实用，校园环境尽可能地减少人为建设，多给学生提供与自然接触的空间。

韩国的学校布局科学合理，功能教室设置也十分科学合理。韩国义务教育学校没有规划建设学生宿舍，小学一般服务半径 4 公里，初中 5 公里，学生上学一般步行几百米，最远不超过 2 公里。同时，每一所学校建设的功能齐全，且处处体现以人为本的设计理念。办学设施追求实用够用，行政办公条件因陋就简。教职工集中办公，每人的使用面积不到 3 平方米。

（五）日本义务教育阶段学校办学标准情况

日本在 1992 年制定了城乡统一的义务教育阶段公立学校的办学标准，后经几次修改完善，办学标准设定更具有现代化的特征。主要表现：一是以法规形式确定政府对学校的办学条件供给，如《学校图书馆法》《理科教育设备基准明细目》等，所有同级学校享受同等待遇；二是每项新标准都伴随经费预算；三是对于项目和经费预算提出明确的计算办法和系数；四是学校和班级规模严格按照标准设置，政府按照标准履行职责。目前，日本的办学标准包括年级人数、学级编制、校长配备、教师配备、校舍设置、教具和校舍面积等。❶

为了适应教育改革，日本的中小学校建筑不断发生变化，重点由量变转向质变。学校建设不再是简单地重复性解决某种用房数量不足，而是强调中小学建筑功能要具有满足中小学生进行多种多样教学、活动的环境空间。日本中小学的每所学校建设功能都很齐全。除了国家必配的基本设施，各地方可在最低标准上根据自己的财力增设其他设施。日本学校建设标准很高，学校一直被用作防灾抗灾的重要场所。日本在中小学校基准面积标准中，除了具体规定普通教室的面积和每班固定使用，特别教室的数量和面积、体育馆的面积是按学校规模定量的；管理用房和各种辅助用房在标准中均未列出名称和面积，其指导性和灵活性较强。

均衡发展是日本教育发展的重要特点。日本对困难地区给予更大的支持。

---

❶ 李菲．我国义务教育学校办学标准的国际比较及借鉴 [J].边疆经济与文化，2012（8）：170-171.

日本偏僻地区的校舍通常与大都市并无二致，甚至好于经济发达地区。为了统一配置有限的教育资源，日本用一系列政策法规规定了基础教育统一办学标准。这一制度有效地缩小了地区间差异。

（六）其他国家义务教育阶段学校办学标准情况

瑞典实行九年义务教育制度，义务教育阶段学生无须缴纳任何费用，当前尚未制定义务教育阶段公立学校办学标准。从 1993 年改革至今，瑞典采用统一的生均经费包干制。

法国对年龄在 6~16 周岁的非成年人实行义务教育，实际上涵盖了小学、初中和高中三个阶段，不需要缴纳学费。《教育法典》和法国国民教育部的政令等均对义务教育阶段公立学校的办学标准作了规定，具体包括义务教育阶段公立学校的建立与组织机构、学校校舍、图书与师资配置、经费及教师管理等。法国义务教育财政体制以国家为主要投资者，主要经费投入用于人员工资，地方政府责任明确。

二、国外对于学校办学条件标准设定的考量

学校办学条件是学生学习的最基本保障，不论是哪个国家，为每个学生提供公平的学校教育教学条件都是办学标准设定的第一要义；为学生的有效学习提供最大可能的支持，也是学校设施等物理环境所需要考虑的；要面向未来，为满足 21 世纪学习的需要更好地设计学校建筑、环境及空间。

（一）重视学校办学设施的配备及维护

国外学校设施的研究者们强调学校设施对于学生学习和成长的影响，有利于学习的物理环境会激发学生学习动机和提高学生学业成绩，因此应该重视学校良好设施的提供。在美国，有研究者关注到运营校舍、维护、改造和翻修学校设施对于学生的影响。2014年，美国国家教育统计中心对设施进行调查，数据表明，在接受调查的1800所学校中，翻修和维修需要数十亿美元，需要暖通空调、更换失效门窗、升级教室照明和更换漏水屋顶、通风系统等。这些不良设施会让学生无法专注于他们的学习，或让呼吸系统存在健康问题的教师和学生无法到学校。教室里的不良灯光对学生的眼睛、健康和情绪都有影响。漏水的屋顶会加剧霉菌滋生，破坏教室里的计算机、家具和地板，影响学生们的健康。因此，教育工作者和政策制定者要充分重视学校办学设施的配备、维护。为了学生的安全和健康，设计和维护好学校办学设施必须是高度优先事项。这些是学生最基本的需求，也是学习环境的关键。

（二）注重为所有学生提供公平的办学条件

学校设施是国家教育基础设施的关键要素，但在现实中不同学校建筑和教室条件存在不公平，这种不公平也成为造成学生机会不公平的一个重要因素。2009年，美国宾夕法尼亚州开展的一项招生和建设能力调查研究发现：总体来看，农村学校校舍年限相对郊区和城市学校要长很多，年限在15年或15年以上学校的受访者认为，学校校舍的屋顶、地基和墙壁不令人满意、很差或处于边缘的比例更高。年限较长学校的校舍建筑安全条件通常较差，火警、烟雾探测器和自动喷水灭火系统状况也较差，应急照明也被评为临界照明。据相关报道，老旧校舍的建筑能源效率很差或处于边缘。2000 年，杜尔与厄斯门（Dewee & Earthman）对农村学校的研究指出，农村学生在历史达百年以上学校上学的比较普遍，而这些农村学校会由于经费支持不足延期维修或翻修导致学校办学条件对学生的支持不足，与城市学校相比还存在较大差距。因此，办学标准设定及达成能够促进所有学生享有公平的办学条件。

（三）学校办学条件应为学生有效学习提供最大支持

芬兰学生在学业上非常优秀，超过了大多数其他国家的学生。我们可能会问，芬兰实施了怎样的教育改革带来了学生成绩的显著提升？达林－哈蒙（Darrin Hammond）认为答案是多方面的，包括提高课程质量、增加入学机会和努力支持教学质量。这里研究者要特别强调该国改革的领域是改善学生学习的物理学习环境。芬兰国家教育委员会为学生适当的学习环境制定了指导方针，包括对审美质量的建议，认为学校"应该是一个身体、心理和社会安全的地方，促进孩子的成长、健康，以及他们与老师和同学的积极互动"。芬兰建筑师基于有效学习空间的证据开发了学校建筑模型。建筑师关注建筑环境的各个方面，以激励学生和鼓励学习。斯帕克斯（Sparks）认为，这些设计从带有传统教室的工厂风格建筑转移到"为满足学生和教师的教学和社会需求而建造的当代校园"。❶

❶ Angel Ford. Finland Improved School Building Conditions as Part of Improving Their Nation's Education [EB/OL]. [2016-08-24]. https://healthyschoolscampaign.org/blog/finland-improved-school-building-conditions-as-part-of-improving-their-nations-education/.

学校环境与空间的设计都以研究为基础，如芬兰在学校建筑设计过程中会优先考虑空间和光线。有研究表明，建筑设计可能会加剧欺凌问题。没有窗户的学校、孤立的教室和几乎没有公共聚集空间的学校更难被成年人监督，从而导致更多的欺凌行为。扩大学校的开放度和光照可以提高学生的安全感和积极性。由此大多数学校都有落地窗，这样能让教室充满自然光；斯特隆伯格学校（Strömberg School）就是在教室之间的墙壁上使用天窗和大窗户，这样可以让更多的光线进入室内空间。芬兰第二大城市埃斯波（Espoo）的柯克科伊维尔（Kirkkojärvi）学校甚至将游戏场朝东，这样早上休息的学生就能吸收到更多的阳光和维生素 D。扩大学校的开放度和光照能够提高学生的安全感和参与积极性。

（四）面向未来设计学校建筑、环境及空间

美国的公立学校设施正处于一个关键的十字路口，用传统的双层廊道设计和建造学校正在成为历史。教育设施信息中心委托进行的元分析中，研究人员肯尼斯·坦纳（Kenneth Tanner）总结出了一些重要事实供设计师在设计或翻修学校时考虑：教室的自然光与学生成绩有统计学意义上的联系；学校安全措施、设计安静场所和反思空间对学生成绩有统计学上的显著影响；学校的绿色空间对学生成绩有显著积极影响；为教师和学生提供丰富、最先进的技术对学生成绩有显著贡献；学校设施的整体形象涵盖了所有的设计模式，并显著影响学生的成绩。❶

---

❶ G. Victor Hellman. One Design Does Not Fit All [EB/OL]. [2015-10-01]. https://efc.gwu.edu/tag/academic-impact/.

与此同时，学校设计还要尽可能适应不同学生不同的学习风格和偏好，如学生会倾向于选择与他们的学习风格一致的光照度。因此，学校内明亮的自然光区域及不太明亮的区域都是可用的，以适应不同的学习风格。而其他环境包括声音、温度和座位都应该提供类似的多样性或灵活性设计。对于学校，我们甚至可以称之为 21 世纪学习中心，而学习中心的环境、空间、各类设施的规划和设计必须基于对学生学习方式和风格的洞察，只有具有适合所有学习风格的设计特征并包含灵活的空间，才能切实为所有学生提供平等的成功机会。❶

创建有效的 21 世纪学习空间，支持广泛的教学实践，需要大量的远见、深思熟虑和行动。我们必须关注教师在教学空间中正在做什么（或想做什么），并设计或改造教室，以适应这些教学策略。现在及未来的许多教学选择依赖于户外教室、创客空间和多功能教室等空间；教师会更多地依赖技术，学校应该能以多种配置来安排教师的空间，以支持高质量的教学。

三、学校办学标准制定的国际经验与未来趋势

（一）统一办学标准，缩小地区差异

从国际视角来看，保证基本的教育条件既是促进基础教育均衡发展的重要平台，更是确保学生公平的教育与成功机会的重要保障。世界很多国家和地区，义务教育学校不论是在农村还是在城市都是一个标准，这一标准的基

---

❶ T. R. Dunlap.Planning for 21st Century Learning Spaces [EB/OL]. [2016-07-08]. https://efc.gwu.edu/2016/07/08/planning-for-21st-century-learning-spaces/.

本功能并不是淘汰、筛选，而是保证每个学生都能享受基本的教育条件。日本为了统一配置有限的教育资源，以《教育基本法》《学校教育法》等一系列政策法规规定了基础教育统一办学标准。这一制度缩小了地区差异，使全国各地区都能维持着一定的教育财政水平，全国中小学基本上都具备了同一规格的教育条件。印度从1987年开始实施旨在改善办学条件的"黑板行动计划"，使所有学校具备最低限度的办学标准。

（二）重视学习空间设计，面向未来和现代化建设学校

进入21世纪以来，发达国家在具体设定学校办学条件标准方面，充分考虑课程改革和教学模式的变化对办学条件提出的新要求，呈现新趋势，包括学校建设设计的出发点从"教"到"学"、更加人性化的校园设计、绿色环保学校、开放化的学校设施，以及充分利用社会资源、大力发展计算机网络等。●

学校建筑向功能多样化方向发展，提倡一室多用，如从简单地增加用房数量向教学空间丰富多样方向转变，以适应灵活多变的教学模式。通过这种方式能够最充分地利用资源，在满足教学需求的同时又可节约投资。学习空间的设计越来越成为学校办学关注的一个热点话题。学习空间是创新教学方法的一个决定性因素，两者相互依存、相互促进。这也对教师提出了新要求。教师不但要"不断掌握新的复杂技能"，而且他们的"态度、价值观和思维方式也都要做相应改变"，才能胜任创新学习空间下的教学。学习空间的重构不仅包括校舍教学用房的重新布局和室内设计，学习空间的设计还必

● 杨秉翰，刘畅．日本中小学建设标准的经验及其对我国的启示 [J]．西南大学学报（社会科学版），2008（3）：130-134．

须考虑教学法。空间是教育变革的重要抓手，教室的重构和学习空间的设计必须要研究相应的教学法。日本是个经济发达的国家，很重视对校舍的综合利用和多功能空间的开发。面对乡村小规模学校所遭遇的功能教室不足、教师教学创新不足等现实问题，重视学习空间设计、校舍用房功能多样化的做法在我国尤其具有现实意义。

（三）更多以目标为导向来制定标准

从其教育发展的阶段来看，英美等发达国家对于中小学的标准制定，更重视课程质量等方面的标准的研制和出台。目标取向的教育标准化如同目标管理责任制，不管以什么样的条件为基础，也不管通过什么样的办法，只要能够达到规定的建设目标即可，仅就是否达到规定目标来建立标准和依据标准进行评价，能够更好地明确标准定位及要求，同时也能进一步提升标准的可行性。

第八章　义务教育办学标准的趋势与展望

制定教育标准是确保所有学生接受公平、有质量教育的重要基础，统一义务教育学校办学标准更是让所有义务教育阶段教学质量提高的客观依据。基于标准促进教育发展、提升质量是大国治理教育的宝贵经验。

一、完善义务教育办学标准，发挥其对教育发展的规范引领功能

义务教育办学标准作为教育标准体系的重要组成部分，也作为规范引领义务教育学校办学的重要依据，尚需要进一步完善。

（一）从强调效率转向关注公平

从办学标准的研制立意来看，现阶段对义务教育办学标准的需求体现了从强调效率到关注公平的转向，并致力于实现义务教育的均衡发展。从社会发展来看，我们强调的重点从"效率优先、兼顾公平"转向"更加注重社会公平"。

义务教育阶段资源配置的校际差距是我国推进义务教育均衡发展过程中面临的主要问题，这一问题是历史长期积累形成的。因此，推进义务教育学校标准化建设成为重要举措。其重要的前提和基础是研制科学完善的办学标准，保障所有义务教育学校均能达到国家标准。与此同时，各省（区、市）基于国家标准因地方实际情况也可出台地方学校办学标准，以确保所有义务教育学校的学生都能享有公平的教育教学资源。从国际义务教育发展来看，统一办学标准利于缩小地区、校际的办学差距。

（二）重视和强调学校的条件保障与能力基础

以往对于学校的管理更多偏重结果监控，而出台统一的办学标准则意味着重心向输入端转移，更重视学校办学基础设施与基本条件的建设。出台统一办学标准，能够为学校自主性的充分发挥与权力的合理运用提供强有力的条件保障与能力基础。从国外办学标准制定的情况来看，要保障学生在学校学习和生活的所有必需的条件和设施，甚至需要对部分办学条件和保障提出较为细致的规定。与此同时，学校享有足够的自主权，能够根据实际需求选择相应的办学条件和设施。

（三）强化政府在办学标准研制与实施过程中的主体责任

学校办学标准的研制与实施的主要责任在各级政府，体现了学校管理需要强化政府责任。对义务教育而言，政府有责任投入并保障其基本办学条件和设施。在办学标准研制与实施过程中，由政府牵头，教育行政部门、相关职能部门、学校及研究机构等多方利益相关主体都要参与进来。政府有责任、有义务切实保障义务教育学校的基本办学条件和设施，让所有学生能够公平享有教育教学资源。

二、建立义务教育办学标准动态调整机制，确保其对教育发展的适应性

所有标准都是具有一定的适用时限，时代变化了、教育发展了，我们的义务教育学校也要相应地发展和变化。

（一）办学标准对当前背景条件要具有一定适应性

一定时期的义务教育办学标准是与国家当下的国民经济发展水平、人口变动情况、城市化进程、教育财政状况、学校教育现状、公众对学校教育的要求等相适应的，这些方面也是研制办学标准过程中必须考虑的背景因素。国家层面的办学标准只有充分考虑并适应这些背景因素，才不至于成为"可望而不可即"或"中看不中用"的蓝图与远景。

（二）办学标准也要体现对现实一定的超越性

义务教育办学标准在适应的同时也要保持一定的前瞻性和超越性：一方面，我们所确定的办学标准对于一些地区和学校而言，必须付出一定努力才能达成；另一方面，社会经济、政治和文化等发展变化了，教育必然要作出

相应改变。义务教育学校设置、办学条件、师资队伍等方面所设置的标准也需要不断修订。对于办学标准，一定要确立动态更新的观念。当已有办学标准的规定不再适用现实与未来教育变革与发展的需求时，我们的办学标准就需要更新和优化。在标准建设和管理的过程中，要强化对标准的持续更新、持续追踪和持续优化。只有构建完善标准的动态调整机制，才能充分发挥标准对教育发展的引领作用。

三、确保义务教育办学标准的科学有效，必须以扎实深入研究为基础

学校办学最终的落脚点在学生的成长与发展上，要持续、系统、深入地研究学校各项办学条件要素对学生发展的影响，不断优化学校各项办学设施的配置，创新学校环境与空间。

（一）办学标准设定应以有利于学生学习与发展为核心原则

20世纪90年代，国外学者就学校办学条件对学生的学业成绩的影响进行了广泛和深入的研究，大量的研究数据表明不同的校舍条件对于学生学业成绩和行为有差异性影响。学校整体环境对于学生学习和发展将发挥激励性工具的作用，是学生学习和发展的重要支持性条件和环境，我们应更加重视学校物理环境对学生个体的激发。对于一所学校而言，学校建筑及学习环境的设计与课程本身一样重要。

以马斯洛的需求层次理论为基础，学校所有环境和空间的设计都要以满

足学生多层次需求为重要标准和原则。1975 年，泰勒和拉斯托斯（Taylor &
Vlastos）提出，学校环境本身作为整体学习过程的积极推动因素，具有巨大
潜力。1995 年，泰勒对学生、教师和管理人员可以用来帮助学校设计的教育
环境进行了分类，并确定了实现有序学习的四个前提。第一个前提，人被认为
是环境不可分割的一部分，而不是脱离环境。第二个前提，建筑环境可以影响
行为。第三个前提，环境可以被设计和装备成一种学习工具。第四个前提，
学习环境可以作为一种学习工具来评估。当专业人士寻求改善和提高学生成
绩的方法时，学校环境和设施的设计应该是优先考虑的问题。教育领导者应
该高度关注并确保他们开发和管理的设施是安全的、经济有效的、功能齐全
的，并尽可能支持教育过程。无论如何，我们必须建立一种新的模式，将马
斯洛的需求层次理论纳入其中，让见多识广的教育规划师、教师、学生、家
长和学校管理人员都参与到学校设计过程中来，而不仅是建筑师和建造者。❶

（二）办学标准研制应关注条件和设施的基本设计模式

学校办学条件和设施如何最大化地发挥对学生学习和发展的支持作用，
需要考虑以下基本设计模式。❷

一是移动和循环。移动和循环模式的条件和设施能够影响学生的行为，
让学生的心理安全感能够得到最大化的满足。研究表明，拥有充足的活动空

---

❶ Kenneth Tanner DRC. Effects of School Architectural Designs on Students' Accomplishments : A
Meta-Analysis[R]. https : //efc.gwu.edu/2015/08/13/effects-of-school-architectural-designs-on-students-
accomplishments-a-meta-analysis/ . 2015-08-13.

❷ 同❶.

间能确保学生有更多的机会观察或听到新想法，而不是近距离接触。学生走动的自由度越高，彼此接触和体验新知识的可能性就越大。活动自由会增强学生的心理安全感。

二是学校的光照。有研究表明，自然光线与学生的健康息息相关，并对学生成绩具有重要影响，在学校建设中要重视光照的设计。教室空间应该朝南，以便于自然光照入。除了艺术房间应该朝北，其他房间要确保自然光线的一致性。研究表明，窗户和光线对学生有影响，且光照度也会影响学生的感知速度和阅读疲劳度。如何保障学生在学校的健康且适合的视觉环境（建筑内窗户和照明的使用）需要我们关注并重视。

三是学校安全与安保设计模式。对于学校选址，安全是第一原则，应给予高度优先考虑。学校场地应该是安全的、健康的、有吸引力的，场地应该没有空气污染和有害气体，远离噪声源或危险源。与此同时，学校选址还应强调审美方面的考虑。学校附近的树木、小溪、公园或球场都能美化校园周围的环境，校园内的景观美化同样很重要，也是创造更好教育氛围的重要组成部分。

四是学生作品展示空间和场所。学生作品展示对学生、教师和学校来说都非常重要，展览成为学生、教师和学校的一种表达方式。前来观看展览的人可以更清楚地了解学生、教师和学校的目标、历史和理念。设计面向学生的或迷你博物馆已经成为很多学校学习环境创设的重要内容。把学校建在博物馆，把博物馆建在学校，为学生设计有意义的学习任务，让学习自然而然地发生。

五是师生存储空间设计。好的储存能让学校最大限度地利用资源，为教师和学生设计和提供良好的存储空间应纳入任何学习场所和空间的规划中。

学生们在学校需要拥有放置个人物品的地方和空间，能够增强对学校的归属感。

六是安静空间设计。学生们需要在保持自我隐私的同时能看到周围发生的事情，因此，学校内应该有儿童空间设计，类似儿童洞穴或秘密场所。这些空间对于低龄学生而言能够玩耍，对于年龄较大学生能够使其保持或重回安静的地方，可以坐下来反思或仰望天空。

七是绿色空间设计。一所理想的学校，学生在教室和生活空间中的视野应开阔和不受限制，包括室内空间和室外空间，如花园、喷泉、山脉和天空，这些绿色空间或绿色景观模式也能补充校园景观模式。

八是户外学习空间设计。户外学习越来越成为受欢迎的学习方式，让学生能够参与到各种体验中，并对学生的学习产生积极影响。因此，在学校设计中必须包括更大的户外学习空间。

九是教学社区设计。1999 年，艾尔斯（Ayers）提出一项研究，主张教室应该是家庭和社区的延伸，一个鼓励自由探索的空间，学生在这里可以探索、操作和完成各种创造性活动。因此，教学社区可以描述为教师和学生组成一个小社区的地方，包括各种功能的区域和空间。教学社区应包括室内和室外游戏的场所。

十是教和学的技术支持。技术设施设备的配置及安装布局应更多从使用者角度考虑，而非仅从管理者角度考虑。

十一是公共区域设计。学习环境中需要一定的公共区域来调节社会关系的节奏。学生需要有机会发展社交技能，以便更好地理解他人及如何与他人交流。公共区域能够培养学生的团结和归属感。往往这些区域都是吸引人的舒适的设置，能够吸引不同的人聚集在一起，增强人们的归属感。

十二是颜色搭配设计。有研究表明，学校建筑的配色方案和图案对学生的学习行为和成绩有一定影响。不同的颜色搭配带给学生的情绪感受不一样，因此，学校不同的学习空间、不同功能场所应科学设计配色方案。

十三是气候控制设计。通过相应的设施设备或建筑设计让学生的学习空间和环境能够保持适宜的舒适度，舒适指数既对学生和教师的生理状态有较大影响，相应又会影响到学生学业成绩和行为。有研究表明，在气候控制设计的学校的学生成绩进步幅度优于缺乏气候控制设计的学校。

学校作为学生的重要学习环境之一，随着学习科学研究的进展，办学标准不是基于经验判断的定性说明，而应基于更多可靠的关于学习的支持环境的研究结果作出科学有效的设定。

义务教育学校办学标准作为推进教育标准化建设的重要内容，以及作为重要的治理工具，对于学校发展具有保障、规范和引领等重要作用。办学标准研制是一项具有系统性和动态性的重要工作。研制办学标准既需要回溯历史，总结与梳理已有办学标准的发展历程，厘清不变与变；也需要立足当下，着眼于解决学校教育发展的重难点问题，明确应然与可行；更需要前瞻未来，培养未来需要的人才，面向未来的理念更需要点滴落实到办学标准内容及规范要求中。研制办学标准既需要对政策了如指掌，充分遵循政策要求，更需要以扎实深入的研究作为重要基础和依据，尤其是关于作为学习环境的办学条件对学习者带来的影响的实证研究更值得重视。研制办学标准更是一项具有时代性的工作，不同时代的学校具有不同特征，尤其是进入数字时代，如何按照学校形态的创新来更好地规范教育教学的本质依然是展现在我们面前的重要课题。

参考文献

[1] 国务院办公厅. 深化标准化工作改革方案 [EB/OL].（2015-03-11）[2015-03-26]. http：//www.gov.cn/xinwen/ 2015-03/26/content_2838703.htm.

[2] 张新平，何晨玥. 软法治理视角下的义务教育学校标准化建设 [J]. 教育研究，2017（11）：46.

[3] 张新平. 关于基础教育阶段学校办学标准的若干思考 [J]. 教育研究，2010（6）：37.

[4] 白殿一，等. 标准的编写 [M]. 北京：中国标准出版社，2016.

[5] 教育部. 教育部关于完善教育标准化工作的指导意见（教政法〔2018〕17 号）[EB/OL].（2018-11-08）[2018-11-14]. http://www.gov.cn/xinwen/2018-11/27/content_5343757.htm.

[6] 楚江亭，郭德侠. 关于建立我国教育标准的思考——兼论 UNESCO《国际教育标准分类法》的主要内容 [J]. 教育理论与实践，2002（10）：11-15.

[7] 中国教科院教育质量标准研究课题组. 教育质量国家标准及其制定 [J]. 教育研究，2013（6）：4-16

[8] 顾明远. 教育大辞典（增订合编本）[M]. 上海：上海教育出版社，1998..

[9] 方晓东，王燕. 中国教育质量观的发展脉络 [J]. 人民教育，2011（2）：7-11.

[10] 我国教育标准化改革：背景、问题与建议 [J]. 教育理论与实践，2018（4）：17-20.

[11] 办学条件标准的若干基础性问题访谈 [J]. 教育科学研究，2004（2）.

[12] 刘义光 . 关于教育标准的思考 [J]. 中国远程教育，2006（1）：28-29.

[13] 赵小红，杨润勇 . 关于教育标准化改革中若干基础性问题的思考 [J]. 教育理论与实践，
  2020（1）：23-26.

[14] 杨润勇 . 我国教育标准改革：背景、问题与建议 [J]. 教育理论与实践，2018（4）：17-20.

[15] 张新平，何晨玥 . 软法治理视角下的义务教育学校标准化建设 [J]. 教育研究，2017
  （11）：41-49.

[16] 蔡怡 . 优质学校办学标准：优质学校建设的"刚"与"柔"——读张新平教授《义务
  教育优质学校办学标准研究》[J]. 中小学管理，2015（10）：55-56.

[17] 魏峰 . 义务教育学校标准的制定：内涵、目标与方法论 [J]. 教育发展研究，2017（18）：
  15-21.

[18] 高士晶，和学新 . 我国义务教育学校建设标准历史沿革与探析 [J]. 当代教育论坛，
  2016（4）：8-17.

[19] 赵雄辉，汤宇婷 . 关于省级义务教育学校办学基本标准的思考 [J]. 当代教育科学，
  2015（4）：14-16.

[20] 余奇，黄葳，鲍银霞 . 现代化学校图景：国内外办学标准比较的视角 [J]. 外国中小学
  教育，2016（3）：28-32.

[21] 程晋宽 . 我国香港、台湾地区义务教育优质学校的办学标准 [J]. 教育视界，2015（3）：
  74-79.

[22] 程晋宽 . 全球化背景下义务教育优质学校办学标准的新思维 [J]. 中国人民大学教育学
  刊，2014（3）：43-53.

[23] 刘冬冬，张新平，李想 . 义务教育学校标准化建设研究：综述与反思 [J]. 辽宁教育，
  2018（4）：30-34.

[24] 程晋宽. 义务教育学校标准化建设：教育现代化建设的基础工程 [J]. 江苏教育，2019（82）：6-7.

[25] 李鹏，朱德全. 义务教育学校标准化建设：进程、问题与反思——基于2010—2014年全国义务教育办学条件数据的测度分析 [J]. 清华大学教育研究，2016（1）：110-117.

[26] 左晓梅，吴建涛，任春荣. 乡村小规模学校教育装备需用好管好 [N]. 中国教育报，2018-11-15.

[27] 艾伦，潘登宇，张鹏. 标准化的目标取向与条件取向——英国教育标准对我国教育装备工作的启示 [J]. 中国现代教育装备，2016（4）：5-10.

[28] 李菲. 我国义务教育学校办学标准的国际比较及借鉴 [J]. 边疆经济与文化，2012（8）：170-171.

[29] 杨秉翰，刘畅. 日本中小学建设标准的经验及其对我国的启示 [J]. 西南大学学报（社会科学版），2008（3）：130-134.

[30] 张新平，等. 义务教育优质学校办学标准研究 [M]. 北京：科学出版社，2015.

[31] Angel Ford. Finland Improved School Building Conditions as Part of Improving Their Nation's Education [EB/OL]. [2016-08-24]. https://healthyschoolscampaign.org/blog/finland-improved-school-building-conditions-as-part-of-improving-their-nations-education/.

[32] G. Victor Hellman. One Design Does Not Fit All [EB/OL]. [2015-10-01]. https://efc.gwu.edu/tag/academic-impact/.

[33] T. R. Dunlap.Planning for 21st Century Learning Spaces [EB/OL]. [2016-07-08]. https://efc.gwu.edu/2016/07/08/planning-for-21st-century-learning-spaces/.

[34] Kenneth Tanner DRC. Effects of School Architectural Designs on Students' Accomplishments: A Meta-Analysis [R]. https://efc.gwu.edu/2015/08/13/effects-of-school-architectural-designs-on-students-accomplishments-a-meta-analysis/.